★ 100 RECETTES À DÉVORER ★

DESSERTS MINCEUR

pour les gourmands

SOLAR EDITIONS

Directeur éditorial : Didier Férat
Directrice éditoriale adjointe : Corinne Cesano
Édition : Candice Roger
Création et direction artistique de la couverture : Claire Guigal
Mise en page & Photogravure : Nord Compo
Fabrication : Laurence Duboscq

Solar | un département **place des éditeurs**

place des éditeurs

ISBN : 978-2-263-07244-4
Code éditeur : S07244
Dépôt légal : novembre 2016
Imprimé en Espagne par Macrolibros

SOMMAIRE

Des idées de desserts minceur...

...POUR LES GOÛTERS

...POUR LES CURIEUX

...POUR VOYAGER « LÉGER »

...POUR DES FÊTES SUPERLIGHT

...POUR LES DÉBUTANTS

...POUR UNE SÉLECTION *SUMMER*

FLAN PÂTISSIER

Calories : 262
Protides : 7 g
Lipides : 10 g
Glucides : 36 g

Pour 8 personnes
Préparation : 20 minutes
Cuisson : 35 minutes

Pour la pâte à tarte sucrée :
100 g de margarine spécial cuisson
250 g de farine de blé (T65) + 1 cuill. à soupe pour le plan de travail
½ cuill. à café de sucre en poudre
1 pincée de sel
1 filet d'huile pour le moule

Pour la garniture :
2 œufs
50 cl de lait demi-écrémé
50 g d'arrow-root (ou de Maïzena®)
70 g de sucre blond de canne
Quelques gouttes d'extrait de vanille liquide (facultatif)

1. Préchauffez le four à 200 °C (th. 6-7).

2. Préparez la pâte sucrée. Dans un saladier, mélangez la farine avec le sel. Faites un puits au centre, puis mettez-y la margarine et le sucre. Mélangez du bout des doigts en versant peu à peu 8 cl d'eau et formez une boule de pâte homogène, sans trop la pétrir. Laissez-la reposer.

3. Pendant ce temps, préparez la garniture. Délayez l'arrow-root dans un bol avec un peu de lait froid. Portez le reste du lait à ébullition dans une casserole. Dans un autre saladier, mélangez les œufs, le sucre et l'arrow-root dilué. Versez-y le lait chaud en remuant au fouet. Reversez le mélange dans la casserole en remuant pendant 3 à 4 minutes, jusqu'à ce qu'il épaississe. Ôtez du feu et parfumez, si vous le souhaitez, avec l'extrait de vanille.

4. Sur le plan de travail fariné, étalez finement la pâte au rouleau. Piquez-la à la fourchette, puis retournez-la avant de la déposer dans un moule à tarte de 28 cm de diamètre, préalablement huilé au pinceau. Versez la crème dessus. Enfournez pour 35 minutes. Servez froid.

FAR LIGHT AUX PRUNEAUX

Calories : 188
Protides : 6 g
Lipides : 4 g
Glucides : 32 g

Pour 6 à 8 personnes
Préparation : 10 minutes
Cuisson : 50 minutes

200 g de pruneaux non dénoyautés
3 œufs
50 cl de lait demi-écrémé
1 noix de margarine pour graisser le moule
120 g de farine de blé T65
60 g de sucre de canne complet (rapadura)

1. Préchauffez le four à 180 °C (th. 6).

2. Faites chauffer le lait à feu doux. Pendant ce temps, mélangez les œufs avec le sucre dans une terrine. Tamisez la farine au-dessus des œufs et mélangez progressivement. Versez le lait chaud petit à petit sur le mélange, en remuant à l'aide d'un fouet.

3. Graissez un moule à gratin. Répartissez-y les pruneaux. Versez doucement la préparation dessus et enfournez pour 50 minutes environ. Vérifiez la cuisson en enfonçant une lame de couteau au centre du far : elle doit ressortir sèche. Servez tiède ou froid.

POUR LES TRÈS NOMBREUX ★★★

GÂTEAU MAGIQUE
aux figues et au miel

Calories : 240
Protides : 5 g
Lipides : 12 g
Glucides : 31 g

Préparation : 10 minutes
Cuisson : 40 minutes

2 œufs moyens
25 cl de lait entier
65 g de beurre
+ un peu pour le moule
10 grosses figues fraîches
80 g de miel
53 g de farine
10 g de sucre glace
1 gousse de vanille

1. Préchauffez le four à chaleur traditionnelle à 160 °C (th. 5-6). Pesez les ingrédients et beurrez votre moule. Ouvrez la gousse de vanille en deux et récupérez les graines avec la pointe d'un couteau. Lavez, séchez et coupez 6 figues en rondelles.

2. Faites fondre le beurre, puis laissez-le tiédir. Dans une casserole, faites chauffer le lait, mettez les graines et la gousse de vanille à infuser pendant quelques minutes, puis retirez la gousse et réservez. Séparez les blancs des jaunes d'œufs dans deux saladiers. Blanchissez les jaunes avec le miel jusqu'à ce que le mélange soit mousseux. Incorporez le beurre fondu, la farine en deux fois, puis versez le lait en deux ou trois fois et mélangez. Montez les blancs en neige puis, à l'aide d'une spatule, incorporez-les à la préparation précédente en trois fois, en les fouettant pour les casser. Versez le mélange dans le moule et répartissez les figues.

3. Enfournez pour 35 minutes. Le dessus du gâteau doit être doré et l'intérieur légèrement tremblotant.

4. Servez le gâteau tiède, saupoudré de sucre glace et décoré avec le reste des figues.

FLAN COCO ET CITRON VERT

Calories : 197
Protides : 5 g
Lipides : 13 g
Glucides : 15 g

Pour 6 personnes
Préparation : 20 minutes
Cuisson : 50 minutes

1 citron vert (non traité de préférence)
4 œufs
50 cl de lait demi-écrémé + un peu pour diluer la fécule
100 g de noix de coco râpée
70 g de sucre blond de canne
1 cuill. à soupe de rhum blanc
1 cuill. à café de fécule (arrow-root ou Maïzena®)
2 cuill. à soupe de caramel liquide

1. Préchauffez le four à 150 °C (th. 5).

2. Préparez un bain-marie en versant un fond d'eau dans un moule rectangulaire, puis enfournez.
Portez le lait à ébullition dans une casserole. Dans un saladier, fouettez les œufs avec le sucre, la noix de coco et le rhum. Ajoutez la fécule préalablement délayée dans un peu de lait froid. Râpez le zeste du citron vert au-dessus du saladier et mélangez. Pressez le citron pour recueillir son jus et incorporez-le également. Enfin, versez progressivement le reste de lait chaud.

3. Tapissez un moule à flan de caramel liquide, puis versez-y la préparation précédente. Ouvrez le four et déposez le moule rempli dans le bain-marie. Faites cuire 50 minutes environ, jusqu'à coloration noisette. Vérifiez la cuisson à l'aide de la pointe d'un couteau : elle doit ressortir sèche.

4. Sortez du four et laissez refroidir sur une grille. Réservez le flan au réfrigérateur avant de servir. Démoulez à l'aide d'une assiette posée sur le moule, retournez-les et laissez le temps au caramel de couler.

POUR LES DÎNERS D'ÉTÉ ★★★

CLAFOUTIS AUX QUETSCHES *et aux amandes*

Calories : 221
Protides : 8 g
Lipides : 9 g
Glucides : 27 g

Pour 6 personnes
Préparation : 10 minutes
Cuisson : 40 minutes

300 g de quetsches dénoyautées (soit 500 g brut environ)
3 œufs
30 cl de lait demi-écrémé (ou boisson aux amandes type Bjorg®)
1 noix de margarine spécial cuisson
80 g de farine de blé (T65 ou de farine de riz complet)
50 g de sucre blond de canne
30 g d'amandes en poudre
Quelques gouttes d'extrait d'amande amère (facultatif)
2 cuill. à soupe d'amandes effilées

1. Préchauffez le four à 180 °C (th. 6).

2. Dans une terrine, fouettez les œufs avec le sucre. Ajoutez la farine, la poudre d'amande et, si vous le souhaitez, l'extrait d'amande. Mélangez bien. Puis incorporez progressivement le lait.

3. Graissez un moule à gratin avec la margarine. Disposez les oreillons de quetsches sur le fond, côté bombé dessus. Recouvrez-les de la préparation précédente et parsemez d'amandes effilées.

4. Enfournez pour 40 minutes environ : le clafoutis est cuit lorsque le pourtour est pris et que le centre commence à prendre. Servez tiède ou froid.

POUR LES DÎNERS D'ÉTÉ

TIAN AUX PÊCHES

Calories : 360
Protides : 8 g
Lipides : 14 g
Glucides : 37 g

Pour 4 personnes
Préparation : 20 minutes
Cuisson : 30 minutes

5 pêches jaunes
3 jaunes d'œufs
20 cl de lait demi-écrémé
15 cl de crème liquide à 15 % MG
1 noix de margarine spécial cuisson pour le moule
5 tranches de pain brioché
60 g de sucre blond de canne en poudre
2 cuill. à soupe de purée d'amandes blanches (Jean Hervé®, par exemple)
2 cuill. à soupe d'amandes effilées

1. Préchauffez le four à 180 °C (th. 6). Graissez un plat à gratin et disposez les tranches de pain brioché dans le fond.

2. Pelez les pêches, puis coupez-les en deux et dénoyautez-les. Émincez-les en tranches et disposez-les sur le pain brioché.

3. Dans un saladier, fouettez les jaunes d'œufs avec le sucre jusqu'à ce que le mélange blanchisse. Ajoutez la purée d'amandes, puis délayez avec le lait et la crème. Versez la préparation sur le pain brioché, en veillant à bien le recouvrir. Parsemez enfin d'amandes effilées.

4. Enfournez pour 30 à 40 minutes. Servez tiède, de préférence, ou froid.

POUR LES DÎNERS D'ÉTÉ ★★★

PETITS CLAFOUTIS
poires-amandes

Calories : 191
Protides : 8 g
Lipides : 7 g
Glucides : 24 g

Pour 4 personnes
Préparation : 10 minutes
Cuisson : 25 minutes

2 belles poires
2 œufs
30 cl de lait demi-écrémé (ou de lait d'amande)
40 g de farine complète (T80)
2 cuill. à soupe de sucre blond de canne
25 g de poudre d'amande
Quelques amandes effilées (facultatif)
2 gouttes d'extrait d'amande amère (facultatif)
1 filet d'huile pour les moules
1 pincée de sel gris

1. Préchauffez le four à 180 °C (th. 6).

2. Lavez les poires, puis pelez-les, épépinez-les et émincez-les en lamelles. Huilez au pinceau 4 moules individuels de 10 cm de diamètre, puis répartissez-y les lamelles de poires.

3. Dans un saladier, mélangez la farine, la poudre d'amande et le sel gris. Cassez les œufs au centre, ajoutez le sucre et remuez à la spatule en bois. Délayez avec le lait et, si vous le souhaitez, incorporez l'extrait d'amande.

4. Versez cette préparation sur les poires, puis parsemez éventuellement de quelques amandes effilées. Enfournez pour 25 minutes. Servez les clafoutis tièdes ou froids.

POUR LES SOIRÉES D'HIVER ★★★

FONDANT À LA RHUBARBE

Calories : 160
Protides : 6 g
Lipides : 8 g
Glucides : 16 g

Pour 6 personnes
Préparation : 15 minutes
Cuisson : 40 minutes

500 g de rhubarbe
2 œufs
60 g de poudre d'amande
20 g d'amandes effilées
40 g de farine de riz complet
60 g de sucre complet (rapadura)
1 noix de margarine spécial cuisson

1. Préchauffez le four à 180 °C (th. 6).

2. Coupez les extrémités des tiges de rhubarbe, puis pelez-les et taillez-les en tronçons. Mettez-les dans une casserole, mouillez avec un peu d'eau et ajoutez le sucre. Couvrez et faites cuire à feu doux 10 minutes environ, jusqu'à l'obtention d'une compote. Ôtez du feu et versez dans un saladier. Ajoutez la poudre d'amande.

3. Dans une jatte, fouettez les œufs et la farine, puis ajoutez-les à la préparation précédente.
Versez la préparation dans un moule à gratin préalablement graissé. Parsemez d'amandes effilées et enfournez pour 30 minutes environ. Servez tiède.

POUR LES TRÈS NOMBREUX ★★★

GÂTEAU AU FROMAGE BLANC
allégé aux framboises

Calories : 176
Protides : 9 g
Lipides : 4 g
Glucides : 26 g

Pour 6 personnes
Préparation : 15 minutes
Cuisson : 40 minutes

80 g de framboises
2 œufs
500 g de fromage blanc
à 20 % MG
70 g de sucre blond de canne
60 g d'arrow-root
(ou de Maïzena®)
1 cuill. à café de vanille
en poudre
1 sachet de sucre vanillé

1. Préchauffez le four à 180 °C (th. 6). Séparez les jaunes des blancs d'œufs.

2. Dans un saladier, fouettez au batteur électrique le fromage blanc, les jaunes d'œufs, l'arrow-root, le sucre, la vanille en poudre et le sucre vanillé.

3. Dans une jatte, battez les blancs d'œufs en neige ferme. Ajoutez les framboises au mélange de fromage blanc, puis incorporez les blancs battus très délicatement, pour ne pas les casser.

4. Versez le tout dans un moule à manqué, de préférence, à fond amovible ou garni de papier cuisson, afin de faciliter le démoulage. Enfournez pour 40 minutes. Le gâteau gonfle beaucoup à la cuisson, mais s'affaisse en refroidissant. Réservez-le au réfrigérateur dans son moule et servez-le bien frais.

POUR LES
DÎNERS
D'ÉTÉ
★★★

CAKE LÉGER CITRON-AMANDES

Calories : 220
Protides : 5 g
Lipides : 12 g
Glucides : 23 g

Pour 6 personnes
Préparation : 10 minutes
Cuisson : 40 minutes

½ citron vert non traité
2 œufs
40 g d'amandes en poudre
2 cuill. à soupe d'amandes effilées
80 g de farine tamisée
½ sachet de levure
5 cuill. à soupe de sucre blond de canne
1 pincée de vanille en poudre
4 cuill. à soupe d'huile d'olive

1. Préchauffez le four à 180 °C (th. 6).

2. Mélangez dans un saladier l'huile et le sucre, puis ajoutez les œufs un par un. Incorporez la poudre d'amande, la farine, la vanille en poudre et enfin la levure.

3. Râpez le zeste du citron au-dessus du saladier. Pressez-le et versez le jus dans la pâte. Mélangez soigneusement. Graissez un moule à cake « junior » ou mini (500 ml) et versez-y la pâte. Parsemez d'amandes effilées et enfournez pour 40 minutes. Laissez refroidir avant de servir.

POUR LES ENFANTS SAGES
★★★

GÂTEAU AUX PISTACHES
à la fleur d'oranger

Calories : 250
Protides : 6,5 g
Lipides : 12,5 g
Glucides : 28 g

Pour 8 personnes
Préparation : 15 minutes
Cuisson : 40 minutes

100 g de pistaches décortiquées nature
2 œufs
1 yaourt nature
180 g de farine (T65)
1 noix de margarine spécial cuisson pour le moule
75 g de sucre blond de canne
1 cuill. à soupe d'eau de fleur d'oranger
1 sachet de poudre à lever biologique (sans phosphates)
1 cuill. à soupe de fécule (Maïzena® ou arrow-root)
4 cuill. à soupe d'huile

1. Préchauffez le four à 150 °C (th. 5).

2. Mixez les pistaches et mélangez-en les trois quarts avec la fécule. Dans un saladier, fouettez les œufs avec le sucre, jusqu'à ce que le mélange blanchisse. Ajoutez le yaourt, l'huile et l'eau de fleur d'oranger. Mélangez bien. Ajoutez peu à peu la farine et la poudre à lever. Terminez par le mélange pistaches-fécule. Versez la pâte obtenue dans un moule à manqué beurré. Enfournez pour 40 minutes.

3. À la sortie du four, laissez le gâteau refroidir 10 minutes avant de le démouler. Servez parsemé du reste de pistaches.

POUR LES TRÈS NOMBREUX ★★★

BISCUIT ROULÉ À LA CONFITURE *de fruits rouges*

Calories : 122
Protides : 4 g
Lipides : 2 g
Glucides : 22 g

Pour 8 personnes
Préparation : 25 minutes
Cuisson : 10 minutes

4 œufs
150 g de confiture aux fruits rouges allégée
80 g de farine de blé T65 (ou farine de riz complet)
3 cuill. à soupe de sucre blond de canne
Sel

1. Préchauffez le four à 180 °C (th. 6).

2. Cassez les œufs en séparant les blancs des jaunes dans 2 récipients creux. Versez le sucre sur les jaunes et fouettez jusqu'à ce que le mélange blanchisse. Fouettez les blancs en neige avec une pincée de sel.

3. Incorporez la moitié de la farine au mélange de jaunes sucrés. Mélangez délicatement la moitié des blancs en neige, puis le reste de farine et de blancs d'œufs.

4. Recouvrez une plaque à four de papier sulfurisé. Versez la pâte dessus et égalisez à la spatule. Enfournez pour 10 à 15 minutes.

5. Lorsque le biscuit est cuit, sortez la plaque du four et retournez-la sur un linge humide. Retirez la plaque et roulez le biscuit avec le linge, puis laissez tiédir. Déroulez le biscuit et nappez-le de confiture. Roulez-le et servez coupé en tranches.

SANS LACTOSE

CAKE MOELLEUX
carottes et noisettes

Calories : 176
Protides : 4,5 g
Lipides : 10 g
Glucides : 17 g

Pour 8 à 10 personnes
Préparation : 10 minutes
Cuisson : 30 minutes

200 g de carottes râpées
2 œufs
10 cl de lait de noisette (type « Délice noisette » de Bjorg®, ou lait demi-écrémé)
80 g de farine T65
1 cuill. à café de poudre à lever
60 g de sucre blond de canne
50 g de noisettes en poudre
70 g de purée de noisettes

1. Préchauffez le four à 180 °C (th. 6).

2. Mélangez dans un saladier les œufs, le sucre et la purée de noisettes. Versez peu à peu le lait. Ajoutez la farine, la poudre à lever et la poudre de noisette, puis les carottes râpées.

3. Versez la pâte dans un moule à cake antiadhésif (ou en silicone) et faites cuire 30 minutes. Attendez que le cake ait tiédi avant de démouler et servez tiède ou froid.

PAIN D'ÉPICE MAISON

Calories : 167
Protides : 3 g
Lipides : 3,5 g
Glucides : 31 g

Pour 8 personnes
Préparation : 20 minutes
Cuisson : 45 minutes

1 œuf
10 cl de lait demi-écrémé
1 noix de beurre pour le moule
80 g de farine de blé bise (T80) ou de farine de seigle
80 g de farine de blé T65
1 sachet de poudre à lever
130 g de miel liquide
3 cuill. à soupe de sucre blond de canne
1 cuill. à café rase d'épices à pain d'épice
2 cuill. à soupe d'huile d'olive
Sel gris

1. Préchauffez le four à 180 °C (th. 6).

2. Dans une casserole, faites tiédir le lait à feu doux avec le miel et le sucre, en remuant jusqu'à dissolution complète.

3. Dans un saladier, versez les farines tamisées, la poudre à lever, les épices et le sel. Cassez l'œuf au centre, puis versez le lait tiédi et l'huile. Mélangez le tout à la spatule jusqu'à l'obtention d'une pâte homogène.

4. Versez la pâte dans un moule à cake d'une contenance de 1 litre préalablement beurré et faites cuire pendant 25 minutes. Puis baissez la température du four à 150 °C (th. 5) et poursuivez la cuisson 15 minutes. Démoulez le pain d'épice à la sortie du four et servez-le encore tiède ou froid, selon votre goût.

GÂTEAU MARBRÉ LÉGER
choco-vanille

Calories : 226
Protides : 5 g
Lipides : 10 g
Glucides : 29 g

Pour 8 personnes
Préparation : 20 minutes
Cuisson : 45 minutes

3 œufs
5 cuill. à soupe de lait demi-écrémé
75 g de margarine spécial cuisson + 1 noix pour le moule
50 g de chocolat noir à 70 % de cacao
180 g de farine
75 g de sucre blond de canne en poudre
1 sachet (2 cuill. à café) de poudre à lever sans phosphates
1 cuill. à café de vanille en poudre + quelques gouttes d'extrait de vanille liquide
Sel

POUR LES ENFANTS SAGES

1. Préchauffez le four à 180 °C (th. 6).

2. Dans un saladier, travaillez la margarine avec le sucre jusqu'à ce que le mélange soit mousseux.
Séparez les blancs des jaunes d'œufs. Ajoutez les jaunes à la margarine. Mélangez dans un bol la farine et la poudre à lever, puis ajoutez-les petit à petit à la préparation précédente. Versez ensuite 3 cuillerées à soupe de lait et remuez.

3. Versez les deux tiers de la pâte dans un autre saladier et parfumez-la avec la poudre et la vanille.

4. Au bain-marie, faites fondre le chocolat avec 2 cuillerées de lait et incorporez-le au tiers de pâte restant.

5. Montez les blancs d'œufs en neige au batteur électrique avec une pincée de sel. Incorporez les deux tiers des blancs en neige à la pâte vanillée, en mélangeant délicatement avec une spatule en bois. Ajoutez le reste des blancs à la pâte chocolatée et mélangez pareillement.

6. Graissez un moule à cake de 1 litre de contenance, puis versez les pâtes obtenues en alternant une bonne couche de pâte vanillée et une petite couche de pâte chocolatée et ce deux fois. Enfournez pour 45 minutes environ. Vérifiez la cuisson en piquant le gâteau avec la pointe d'un couteau : elle doit ressortir sèche. Attendez qu'il ait refroidi avant de démouler.

MUFFINS
aux cranberries

Calories : 173
Protides : 5 g
Lipides : 5 g
Glucides : 27 g

Pour 8 muffins
Préparation : 15 minutes
Cuisson : 20 minutes

40 g de cranberries séchées
2 œufs
1 yaourt nature au lait entier
100 g de farine de blé complet (T80)
100 g de farine blanche (T65)
½ sachet de poudre à lever biologique
25 g de cerneaux de noix concassés
8 cl de sirop d'érable
2 cuill. à café d'huile d'olive vierge
1 cuill. à soupe d'huile pour les moules
Sel gris

1. Préchauffez le four à 180 °C (th. 6).

2. Mélangez les farines avec la poudre à lever et le sel, puis tamisez le tout. Battez les œufs avec le sirop d'érable, l'huile et le yaourt, puis incorporez la farine tamisée par petites quantités. Ajoutez les noix et les cranberries.

3. Huilez 8 moules à muffins et remplissez-les de pâte aux deux tiers. Enfournez et faites cuire 20 minutes environ.

POUR LES TRÈS NOMBREUX ★★★

MINI-FONDANTS LÉGERS
au chocolat

Calories : 182
Protides : 4 g
Lipides : 10 g
Glucides : 19 g

Pour 8 personnes
Préparation : 15 minutes
Cuisson : 10 minutes

3 œufs
10 cl de crème soja (Soja Cuisine®)
125 g de chocolat noir pâtissier à 70 % de cacao
50 g de sucre blond de canne non raffiné
30 g de farine de riz complet (ou de blé T65)
2 cuill. à soupe de poudre d'amande
1 pincée de sel

1. Préchauffez le four à 180 °C (th. 6). Faites fondre au bain-marie la crème soja recouverte du chocolat. Attendez que celui-ci soit mou pour remuer.

2. Hors du feu, ajoutez les œufs un par un, en mélangeant à l'aide d'une cuillère en bois, puis le sucre, la poudre d'amande, le sel et la farine. Mélangez les ingrédients jusqu'à l'obtention d'une pâte bien homogène.

3. Versez la pâte dans 8 ramequins hauts (ou des moules souples). Mettez au four et faites cuire 8 à 10 minutes selon la taille des moules. Sortez du four et servez immédiatement.

SANS LACTOSE

PETITS MOELLEUX
choco-cranberries, compotée aux épices

Calories : 179
Protides : 5 g
Lipides : 7 g
Glucides : 24 g

Pour 8 personnes
Préparation : 15 minutes
Marinade : 1 heure
Cuisson : 15 minutes

Pour le moelleux :
3 œufs
2 cuill. à soupe de cranberries séchées
50 g de sucre blond de canne
60 g de farine (T65)
100 g de chocolat noir à 70 % de cacao
10 cl de crème de soja (ou de crème fraîche à 15 % MG)
2 cuill. à soupe de cognac
½ cuill. à café de cannelle en poudre
Sel

Pour la compotée :
200 g de cranberries fraîches
Le jus de 1 orange fraîchement pressé
1 bâton de cannelle
1 sachet de sucre vanillé

1. Préparez les moelleux. Hachez les cranberries séchées, puis mettez-les dans un bol et faites-les macérer avec le cognac pendant au moins 1 heure. Préchauffez le four à 180 °C (th. 6).

2. Faites fondre au bain-marie la crème de soja et le chocolat cassé en morceaux et remuez.

3. Mélangez dans un saladier les œufs avec le sucre et la cannelle. Incorporez les cranberries égouttées, puis la farine et le sel. Ajoutez enfin le chocolat fondu avec la crème et mélangez bien. Répartissez la pâte dans 8 alvéoles d'un moule à muffins en silicone et enfournez pour une dizaine de minutes.

4. Préparez la compotée. Rincez les cranberries fraîches, puis déposez-les dans une casserole avec le jus d'orange, le bâton de cannelle et le sucre vanillé. Faites cuire à feu moyen pendant 10 minutes, puis retirez du feu. Sortez les moelleux du four et démoulez-les. Disposez-les sur des assiettes avec 1 belle cuillerée de compotée. Servez tiède.

POUR LES
FONDUS DE CHOCOLAT
★★★

CUPCAKES ORANGE-DATTES

Calories : 131
Protides : 5 g
Lipides : 3 g
Glucides : 21 g

Pour 6 gâteaux
Préparation : 20 minutes
Cuisson : 25 minutes

30 g de dattes dénoyautées et finement émincées
1 petite carotte pelée et râpée
1 œuf
1 yaourt nature
100 g de farine complète (T80 ou de farine de petit épeautre)
½ sachet de poudre à lever biologique (sans phosphates)
25 g de sucre complet (rapadura)
60 g de flocons d'avoine
1 cuill. à café de zestes d'orange biologiques râpés (Cook®, au rayon épices)
1 cuill. à café d'huile d'olive

1. Préchauffez le four à 180 °C (th. 6).

2. Dans un saladier, mélangez les dattes, la farine, la poudre à lever, les flocons d'avoine, les zestes d'orange et le sucre. Puis incorporez la carotte râpée. Creusez un puits au centre de cette préparation.

3. Dans une jatte, fouettez l'œuf, le yaourt et l'huile. Versez ce mélange dans le puits. Remuez rapidement, jusqu'à l'obtention d'une pâte homogène.

4. Répartissez la pâte dans les 6 alvéoles d'une plaque de moules à muffins en silicone. Enfournez pour 20 à 25 minutes, jusqu'à ce que les gâteaux soient dorés et bien gonflés. Laissez refroidir avant de servir.

SAVEURS D'AUTOMNE

MINI-CAKES CHOCO-POIRE

Calories : 189
Protides : 3 g
Lipides : 9 g
Glucides : 24 g

Pour 6 mini-cakes
Préparation : 20 minutes
Cuisson : 15 minutes

1 poire
1 cuill. à soupe de jus de citron
1 œuf
70 g de margarine spécial cuisson
4 carrés de chocolat noir à 70 % de cacao
1 cuill. à soupe de cacao amer en poudre
60 g de sucre blond de canne
1 cuill. à café de semoule de blé dur fine
80 g de farine (T65)
½ sachet de poudre à lever biologique (sans phosphates)

1. Préchauffez le four à 180 °C (th. 6).

2. Pelez et épépinez la poire, puis coupez-la en petits dés. Arrosez-les de jus de citron et mélangez afin de bien les enrober et éviter qu'ils noircissent.

3. Dans un saladier, mélangez la margarine et le sucre, puis ajoutez l'œuf. Faites fondre le chocolat à feu doux, si possible au bain-marie, puis versez-le dans le saladier et mélangez.

4. Dans un bol, mélangez la farine, le cacao et la poudre à lever. Incorporez le tout à la préparation précédente à travers une passoire, en remuant au fouet.

5. Versez la semoule sur les dés de poire et mélangez. Ajoutez-en la moitié dans la pâte et remplissez 6 alvéoles d'une plaque en silicone de moules à cakes. Parsemez chaque gâteau du reste de dés de poire.

6. Enfournez pour 15 minutes. Vérifiez la cuisson en enfonçant une pointe de couteau dans un cake : elle doit ressortir sèche. Attendez 10 minutes avant de démouler. Servez tiède ou à température ambiante.

SANS LACTOSE

CAKES À L'ORANGE

Calories : 116
Protides : 2,5 g
Lipides : 2,5 g
Glucides : 21 g

Pour 9 petits cakes
Préparation : 10 minutes
Cuisson : 30 minutes

2 oranges non traitées
150 g de farine fluide
70 g de margarine spécial cuisson
1 pot de yaourt nature
60 g de sucre en poudre
2 œufs
1 sachet de levure chimique

1. Préchauffez le four à 200 °C (th. 6-7).

2. Lavez les oranges et prélevez leurs zestes. Épluchez les fruits à vif, sans laisser de peau blanche. Coupez leur chair en morceaux et réduisez-les en purée au mixeur.

3. Incorporez la levure chimique à la farine.

4. Dans un saladier, mélangez la margarine avec le sucre à l'aide d'une spatule en bois, jusqu'à ce que le mélange blanchisse. Sans cesser de remuer, ajoutez 1 œuf et une partie de la farine, puis l'autre œuf et le reste de la farine. Incorporez le yaourt, la pulpe et le zeste d'orange.

5. Versez la préparation dans un moule souple à 9 alvéoles. Enfournez pour 15 à 20 minutes environ.

6. Lorsque les cakes sont cuits (vérifiez en y enfonçant la pointe d'un couteau, qui doit ressortir sèche), laissez reposer 5 minutes avant de démouler.

POUR LES SUPER FAUCHÉS ★★★

SCONES
à la fleur d'oranger

Calories : 100
Protides : 2,5 g
Lipides : 2,5 g
Glucides : 17 g

Pour 12 scones
Préparation : 15 minutes
Cuisson : 10 minutes

1 œuf
8 cl de lait demi-écrémé
30 g de margarine spécial cuisson
225 g de farine de blé T65 + un peu pour la pâte
1 sachet de poudre à lever biologique (sans phosphates)
4 cuill. à soupe de sucre blond de canne en poudre
2 cuill. à soupe d'eau de fleur d'oranger
Sel

1. Mettez dans un saladier la margarine, la farine, la poudre à lever et une pincée de sel. Mélangez du bout des doigts pour obtenir une pâte sableuse.

2. Dans un bol, battez l'œuf, le lait, le sucre et l'eau de fleur d'oranger. Versez le tout dans le saladier et pétrissez du bout des doigts. Farinez la pâte afin de former une boule.

3. Préchauffez le four à 180 °C (th. 6).

4. Étalez la pâte sur 1 cm d'épaisseur. Découpez-y 12 cercles de 6 cm de diamètre, puis disposez-les sur une plaque recouverte de papier sulfurisé. Enfournez pour 10 minutes environ. Servez tiède ou froid.

POUR LES
GRANDS
DÉBUTANTS
★★★

« PAIN PAS PERDU »
à la pomme

Calories : 235
Protides : 8,5 g
Lipides : 8 g
Glucides : 32 g

Pour 4 personnes
Préparation : 10 minutes
Cuisson : 5 minutes

4 tranches durcies de pain au levain de 1 cm d'épaisseur environ
2 pommes reinettes
2 œufs extra-frais
35 cl de lait d'amande
Le jus de ½ citron
15 g de margarine
30 g de sucre blond de canne
1 cuill. à café bombée de cannelle en poudre

1. Pelez finement les pommes, épépinez-les et coupez-les en lamelles. Citronnez-les pour éviter que la chair noircisse.

2. Dans une assiette creuse, délayez le lait avec le sucre et la cannelle.

3. Dans une autre assiette creuse, cassez les œufs et fouettez-les à la fourchette.
Faites tremper, l'une après l'autre, les tranches de pain des deux côtés dans le lait afin qu'elles soient complètement imbibées. Renouvelez l'opération, en les trempant cette fois dans l'œuf battu.

4. Dans une poêle, faites chauffer la margarine, puis, à l'aide d'une spatule, déposez-y les tranches de pain et les lamelles de pommes autour. Dorez des deux côtés, puis servez le pain perdu garni des lamelles de pommes.

SANS LACTOSE

BÛCHE DE NOËL CHOCO-POIRES

Calories : 165
Protides : 6 g
Lipides : 5 g
Glucides : 25 g

Pour 8 personnes
Préparation : 30 minutes
Cuisson : 25 minutes

Pour le biscuit :
4 œufs
30 g de sucre blond de canne
80 g de farine de blé (T65)
1 cuill. à café rase de poudre à lever sans phosphates
40 g de chocolat noir à 70 % de cacao + quelques copeaux pour la décoration (réalisés au couteau Économe)
Sel

Pour la crème :
3 poires
1 cuill. à café de jus de citron
1 œuf
2 cuill. à soupe de sucre en poudre
25 g de farine
25 cl de lait d'amande (ou de lait demi-écrémé)
Quelques gouttes d'extrait d'amande ou d'alcool de poire (facultatif)

1. Préchauffez le four à 190 °C (th. 6-7).

2. Préparez le biscuit. Faites fondre le chocolat au bain-marie avec 2 cuillerées à soupe d'eau. Cassez les œufs en séparant les blancs des jaunes dans 2 récipients creux. Versez le sucre sur les jaunes et fouettez jusqu'à ce que le mélange blanchisse. Mélangez la farine et la poudre à lever, puis incorporez-les en continuant de mélanger. Ajoutez le chocolat fondu et mélangez de nouveau.

3. Fouettez les blancs d'œufs en neige avec une pincée de sel. Incorporez-les délicatement à la pâte précédente à l'aide d'une spatule souple. Recouvrez une plaque à four de papier sulfurisé. Versez-y la pâte et égalisez à la spatule. Faites cuire 15 minutes.

4. Pendant ce temps, préparez la crème. Dans un saladier, mélangez l'œuf, la farine, le sucre et, si vous le souhaitez, l'extrait d'amande (ou l'alcool de poire).

5. Faites bouillir le lait et versez-le dans le saladier en remuant au fouet. Transvasez le mélange dans la casserole et remettez à bouillir jusqu'à épaississement de la crème. Laissez tiédir hors du feu.

6. Lavez les poires, coupez-les en deux, puis pelez-les et épépinez-les. Coupez-les en lamelles et arrosez-les de jus de citron.

7. Déposez le biscuit sur un plan de travail. Tapissez l'intérieur avec la moitié de la crème. Puis couvrez avec la moitié des lamelles de poires. Roulez le gâteau et posez-le sur un plat de service. Étalez le reste de crème en couche uniforme sur le gâteau. Disposez le reste des lamelles de poires sur le dessus de la bûche. Décorez enfin de quelques copeaux de chocolat noir et réservez au frais.

GALETTE DES ROIS
aux fruits d'hiver

Calories : 429
Protides : 6 g
Lipides : 29 g
Glucides : 36 g

Pour 6 à 8 personnes
Préparation : 10 minutes
Cuisson : 30 minutes

2 rouleaux de pâte feuilletée
2 pommes reinettes
1 poire conférence
1 jaune d'œuf
3 cuill. à soupe de confit de noisettes (type Jean Hervé®)

1. Préchauffez le four à 180 °C (th. 6).
Foncez un moule avec l'une des pâtes et piquez-la avec une fourchette.
Étalez une couche de confit de noisettes (en laissant 2 cm sur le pourtour afin de poser la deuxième pâte).

2. Pelez, épépinez et coupez les fruits en lamelles.

3. Faites une rosace de lamelles des fruits sur la couche de confit de noisettes, puis déposez la fève. Refermez la galette avec la deuxième pâte. Collez bien les bords en les pinçant. Dans un bol, diluez le jaune d'œuf dans un peu d'eau et dorez la galette de ce mélange à l'aide d'un pinceau.

4. Dessinez des motifs sur la galette avec le dos d'un couteau et faites cuire au four 30 minutes.

POUR LES REPAS FESTIFS ★★★

TARTE BRIOCHÉE *aux fruits*

Calories : 231
Protides : 6 g
Lipides : 7,5 g
Glucides : 35 g

Pour 6 personnes
Préparation : 20 minutes
Repos : 12 heures
Cuisson : 30 minutes

2 fruits de saison (pommes ou poires en hiver, prunes en automne, abricots ou pêches en été…)
2 œufs
8 cl de lait demi-écrémé
250 g de farine de blé T65 + un peu pour la pâte
1 sachet de levure de boulanger
25 g de sucre blond de canne en poudre
60 g de margarine spécial cuisson
1 cuill. à soupe d'huile pour le moule
Sel

1. Dans une casserole, chauffez le lait avec la margarine à feu doux, jusqu'à ce qu'elle fonde. Laissez tiédir, puis versez la levure et laissez reposer jusqu'à ce qu'elle soit bien dissoute.

2. Versez la farine dans le bol pétrisseur d'un robot et ajoutez-y une bonne pincée de sel, le sucre et les œufs. Commencez à mélanger, puis versez le contenu de la casserole et pétrissez de nouveau jusqu'à l'obtention d'une pâte souple. Couvrez-la de film alimentaire et laissez-la gonfler 12 heures dans un endroit tiède et sec.

3. Préchauffez le four à 180 °C (th. 6).

4. Graissez un moule à tarte. Farinez légèrement la pâte pour la décoller et pétrissez-la entre vos mains sur le plan de travail avant de l'étaler à l'aide d'un rouleau à pâtisserie. Déposez-la dans le moule.
Préparez les fruits (pelez et épépinez ou dénoyautez-les, selon les cas), puis coupez-les en lamelles et disposez-les en rosace sur la pâte. Enfournez pour 30 minutes. Servez tiède ou froid.

TARTE POTIRON-PRALIN

Calories : 269
Protides : 7 g
Lipides : 13 g
Glucides : 34 g

Pour 6 personnes
Préparation : 20 minutes
Réfrigération : 30 minutes
Cuisson : 45 minutes

- 60 g de margarine
- 180 g de farine de blé T65
- 1 cuill. à soupe de sucre blond
- Sel
- 500 g de chair de potiron
- 2 œufs
- 2 cuill. à soupe de crème fraîche épaisse à 15 % MG
- 60 g de pralin
- 2 cuill. à soupe de fécule
- 1 cuill. à soupe d'huile d'arachide pour le moule

1. Préparez la pâte : dans un saladier, mélangez la farine avec une pincée de sel. Faites un puits au centre, puis mettez-y la margarine et le sucre. Mélangez du bout des doigts en versant peu à peu 6 cl d'eau et formez une boule de pâte homogène, sans trop la pétrir. Laissez reposer 30 minutes au réfrigérateur.

2. Préparez la garniture : coupez la chair du potiron en gros cubes, puis déposez-les dans une casserole, avec un fond d'eau. Couvrez et laissez cuire 10 minutes environ, jusqu'à ce qu'une pointe de couteau s'enfonce facilement dans la chair. Retirez du feu et transférez le potiron dans le bol d'un blender. Laissez-le tiédir, puis ajoutez les œufs, la crème, le pralin et la fécule délayée dans un peu d'eau. Mixez jusqu'à ce que la préparation soit homogène.

3. Préchauffez le four à 180 °C (th. 6). Sur le plan de travail fariné, étalez la pâte au rouleau. Piquez-la à la fourchette, puis retournez-la avant de la déposer dans un moule à tarte huilé, de 24 cm de diamètre. Versez-y la préparation au potiron, puis enfournez pour 35 minutes. Servez tiède ou froid.

PETITS GRATINS *mangue-coco*

SANS LACTOSE

Calories : 206
Protides : 3 g
Lipides : 7 g
Glucides : 26 g

Pour 4 personnes
Préparation : 15 minutes
Cuisson : 15 minutes

2 mangues
Le jus de 2 oranges
3 jaunes d'œufs
4 cuill. à café de noix de coco râpée
50 g de sucre blond de canne
5 cl de rhum blanc

1. Pelez les mangues et coupez la chair en lamelles de part et d'autre du noyau, puis répartissez-les dans 4 petits plats à gratin.

2. Allumez le gril du four. Préparez un bain-marie en portant de l'eau à frémissements dans une casserole. Fouettez les jaunes d'œufs avec le sucre et le jus d'orange dans une terrine. Puis posez-la sur le bain-marie et continuez de fouetter jusqu'à l'obtention d'un sabayon crémeux, soit 5 minutes environ.

3. Parfumez avec le rhum hors du bain-marie.

4. Nappez les mangues de ce sabayon, puis parsemez avec la noix de coco râpée. Dorez quelques instants sous le gril chaud et servez aussitôt.

TARTE TATIN VERSION LIGHT

Calories : 260
Protides : 3 g
Lipides : 8 g
Glucides : 44 g

Pour 8 personnes
Préparation : 20 minutes
Cuisson : 35 minutes

Pour la pâte sucrée à tarte :
100 g de margarine spécial cuisson
250 g de farine de blé (T65) + 1 cuill. à soupe pour le plan de travail
1 cuill. à soupe de sucre en poudre
Sel

Pour la garniture :
1 kg de pommes reine des reinettes (soit 6 belles pommes environ)
2 gouttes de jus de citron
50 g de sucre blond de canne en poudre + 2 cuill. à soupe de sucre ou 2 sachets de sucre vanillé

1. Préchauffez le four à 200 °C (th. 6-7).

2. Préparez la pâte sucrée. Dans un saladier, mélangez la farine avec une pincée de sel. Faites un puits au centre, puis mettez-y la margarine et le sucre. Mélangez du bout des doigts en versant peu à peu 8 cl d'eau et formez une boule de pâte homogène, sans trop la pétrir. Laissez-la reposer.

3. Pendant ce temps, préparez la garniture. Faites fondre 50 g de sucre dans une casserole avec le jus de citron. Quand il devient couleur caramel doré, versez-le dans un moule à manqué et répartissez-le bien.
Épluchez les pommes, coupez-les en deux et éliminez les pépins. Coupez-les en quartiers assez gros et rangez-les dans le moule, côté bombé dessous. Saupoudrez du reste de sucre (ou de sucre vanillé).

4. Sur le plan de travail fariné, étalez finement la pâte au rouleau. Piquez-la à la fourchette, puis retournez-la avant de la déposer sur les pommes. Bordez les fruits en faisant pénétrer la pâte jusqu'au fond du moule.

5. Enfournez pour 35 minutes. À la sortie du four, attendez un peu avant de retourner la tarte sur un plat de service. Servez tiède ou froid, éventuellement accompagné de fromage blanc à 0 % de matières grasses.

SANS LACTOSE

APPLE PIE

Calories : 240
Protides : 4 g
Lipides : 8 g
Glucides : 38 g

Pour 8 personnes
Préparation : 30 minutes
Réfrigération : 30 minutes
Cuisson : 50 minutes

8 pommes reinettes ou Antarès® de grosseur moyenne
2 cuill. à soupe de jus de citron
100 g de margarine spécial cuisson
125 g de farine (T65)
125 g de farine complète + 1 cuill. à soupe de farine blanche pour le plan de travail
½ sachet de poudre à lever biologique (sans phosphates)
1 cuill. à café de cannelle en poudre
1 cuill. à soupe de sucre blond de canne en poudre
½ cuill. à café de quatre-épices
1 cuill. à soupe d'huile d'arachide pour graisser le moule
Sucre glace

1. Versez les farines, la poudre à lever, la cannelle, le quatre-épices, la margarine et la moitié du jus de citron dans le bol d'un robot. Mélangez jusqu'à l'obtention d'une pâte homogène. Formez une boule, déposez-la dans un saladier et laissez-la reposer 30 minutes au réfrigérateur.

2. Pendant ce temps, pelez les pommes, puis coupez-les en quatre, épépinez-les et taillez-les en dés. Dans un saladier, mélangez ces derniers avec la moitié du jus de citron et le sucre en poudre.

3. Préchauffez le four à 180 °C (th. 6). Huilez un moule à manqué de 20 cm de diamètre au pinceau.

4. Divisez la pâte en deux pâtons inégaux ($^2/_3$ et $^1/_3$). Sur le plan de travail fariné, étalez-les au rouleau en 2 disques de 5 mm d'épaisseur environ. Garnissez le moule avec le plus grand disque. Répartissez les pommes sur le fond, puis couvrez avec le petit disque de pâte, en pressant les bords du bout des doigts pour bien les souder.

5. Enfournez pour 50 minutes. Servez la tourte tiède, poudrée de sucre glace et éventuellement accompagnée de fromage blanc.

★★★ SANS LACTOSE ★★★

TARTE À LA RICOTTA
et aux fruits rouges

Calories : 285
Protides : 8 g
Lipides : 13 g
Glucides : 34 g

Pour 8 personnes
Préparation : 30 minutes
Réfrigération : 15 minutes
Cuisson : 35 minutes

Pour la pâte à tarte sucrée :
100 g de margarine spécial cuisson
250 g de farine de blé (T65) + 1 cuill. à soupe pour le plan de travail
1 cuill. à soupe de sucre en poudre
1 filet d'huile pour le moule
Sel

Pour la garniture :
250 g d'un mélange de fruits rouges (framboises, groseilles, myrtilles, cassis)
3 œufs
250 g de ricotta
50 g de sucre blond de canne
1 sachet de sucre vanillé
1 cuill. à soupe de fécule (Maïzena® ou arrow-root)

1. Préchauffez le four à 180 °C (th. 6).

2. Préparez la pâte sucrée. Dans un saladier, mélangez la farine avec une pincée de sel. Faites un puits au centre, puis mettez-y la margarine et le sucre. Mélangez du bout des doigts en versant peu à peu 8 cl d'eau environ et formez une boule de pâte homogène, sans trop la pétrir. Laissez reposer 15 minutes au réfrigérateur.

3. Pendant ce temps, préparez la garniture. Dans une jatte, fouettez les œufs avec les sucres, puis incorporez-y la ricotta et la fécule.

4. Sur le plan de travail fariné, étalez finement la pâte au rouleau. Piquez-la à la fourchette, puis retournez-la avant de la déposer dans un moule à tarte de 28 cm de diamètre, préalablement graissé.
Versez le mélange à la ricotta sur la pâte. Puis garnissez des fruits rouges, en les enfonçant légèrement dans la crème. Faites cuire 35 minutes au four. Servez frais.

POUR LES
DÎNERS
D'ÉTÉ
★★★

TARTE AU FROMAGE BLANC
allégé et au citron vert

Calories : 296
Protides : 10 g
Lipides : 12 g
Glucides : 37 g

Pour 8 personnes
Préparation : 20 minutes
Cuisson : 35 minutes

Pour la pâte à tarte sucrée :
100 g de margarine spécial cuisson
250 g de farine de blé (T65) + 1 cuill. à soupe pour le plan de travail
1 filet d'huile pour le moule
1 cuill. à soupe de sucre en poudre
Sel

Pour la garniture :
Le jus et le zeste râpé de 1 citron vert (non traité de préférence)
400 g de fromage blanc à 20 % MG
3 œufs
40 g de farine
60 g de sucre en poudre

1. Préchauffez le four à 200 °C (th. 6-7).

2. Préparez la pâte sucrée. Dans un saladier, mélangez la farine avec une pincée de sel. Faites un puits au centre, puis mettez-y la margarine et le sucre. Mélangez du bout des doigts en versant peu à peu 8 cl d'eau et formez une boule de pâte homogène, sans trop la pétrir. Laissez-la reposer.

3. Pendant ce temps, préparez la garniture. Dans un autre saladier, mélangez les œufs, le sucre, le fromage blanc, la farine, le zeste et le jus de citron.

4. Sur le plan de travail fariné, étalez finement la pâte au rouleau. Piquez-la à la fourchette, puis retournez-la avant de la déposer dans un moule à tarte préalablement huilé au pinceau. Versez-y la garniture. Enfournez pour 35 minutes. Servez tiède ou froid.

TARTE MANGUE ET MOUSSE COCO

Calories : 259
Protides : 5 g
Lipides : 11 g
Glucides : 35 g

Pour 8 personnes
Préparation : 20 minutes
Repos : 1 heure
Cuisson : 35 minutes

Pour la pâte à tarte sucrée :
100 g de margarine spécial cuisson
250 g de farine de blé T65 + 1 cuill. à soupe pour le plan de travail
1 cuill. à soupe de sucre en poudre
1 filet d'huile pour le moule
Sel

Pour la garniture :
1 mangue
2 œufs
400 g de fromage blanc en faisselle à 20 % MG
2 cuill. à soupe de crème fraîche épaisse à 15 % MG
4 cuill. à soupe de noix de coco râpée
60 g de sucre blond de canne
Sel

1. Mettez la faisselle dans une passoire et laissez-la égoutter pendant 4 heures, en éliminant l'eau régulièrement.

2. Préparez la pâte à tarte. Dans un saladier, mélangez la farine avec une pincée de sel. Faites un puits au centre, puis mettez-y la margarine et le sucre. Mélangez du bout des doigts en versant peu à peu 8 cl d'eau et formez une boule de pâte homogène, sans trop la pétrir. Laissez reposer 1 heure au réfrigérateur.

3. Préchauffez le four à 200 °C (th. 6-7). Préparez la garniture. Cassez les œufs en séparant les blancs des jaunes. Dans un saladier, fouettez les jaunes avec le sucre jusqu'à ce que le mélange blanchisse légèrement. Incorporez la faisselle égouttée, puis la crème. Ajoutez 3 cuillerées à soupe de noix de coco et mélangez de nouveau. Montez les blancs en neige ferme avec une pincée de sel. Incorporez-les délicatement à la préparation précédente à l'aide d'une spatule souple, sans battre.

4. Pelez la mangue et coupez sa chair en lamelles jusqu'au noyau central. Sur le plan de travail fariné, étalez finement la pâte au rouleau. Piquez-la à la fourchette, puis retournez-la avant de la déposer dans un moule à tarte huilé, de 28 cm de diamètre. Versez-y la mousse, puis disposez les lamelles de mangue en rosace. Saupoudrez du reste de noix de coco et enfournez pour 35 minutes. Servez tiède ou froid.

MINI-BROCHETTES DE FRUITS
au pain d'épice

Calories : 189
Protides : 2 g
Lipides : 1 g
Glucides : 43 g

Pour 4 personnes
Préparation : 15 minutes
Cuisson : 3 minutes

12 fraises
3 nectarines
12 mirabelles
8 tranches de pain d'épice
2 sachets de sucre vanillé

1. Mettez les piques en bois à tremper dans un récipient d'eau froide pour éviter qu'elles brûlent sous le gril.

2. Pelez les nectarines et coupez-les en deux. Dénoyautez-les et taillez-les en morceaux. Lavez les fraises, puis équeutez-les et coupez-les en deux. Lavez et essuyez les mirabelles, puis coupez-les en deux et dénoyautez-les.

3. Ôtez la croûte des tranches de pain d'épice, puis coupez-les en quatre ou en six, selon leur taille. Allumez le gril du four (ou la plancha). Montez les mini-brochettes en alternant 1 cube de pain d'épice et 3 morceaux de fruits. Disposez-les sur la grille du four et saupoudrez-les de sucre vanillé. Passez sous le gril quelques minutes, jusqu'à légère coloration, et servez accompagné d'une coupelle de fromage blanc, par exemple.

SAVEURS D'AUTOMNE

COOKIES AUX FLOCONS D'AVOINE
et au chocolat

Calories : 77
Protides : 3 g
Lipides : 5 g
Glucides : 5 g

Pour 12 à 15 cookies
Préparation : 15 minutes
Réfrigération : 30 minutes
Cuisson : 25 minutes

1 œuf
80 g de flocons d'avoine
15 cl de lait d'avoine
75 g de purée d'amandes blanches
30 g de sucre blond de canne
25 g de pépites de chocolat noir
Sel

1. Versez le lait dans une casserole, avec les flocons d'avoine. Faites chauffer 5 minutes à feu doux.

2. Versez ensuite ce mélange dans un saladier, puis incorporez l'œuf, une pincée de sel et le sucre, en remuant avec une cuillère en bois. Ajoutez la purée d'amandes et mélangez de nouveau jusqu'à l'obtention d'une pâte homogène. Laissez reposer au réfrigérateur pendant 30 minutes.

3. Préchauffez le four à 180 °C (th. 6). Sortez la pâte du réfrigérateur et incorporez-y les pépites de chocolat.

4. Recouvrez la plaque du four de papier cuisson et déposez-y des petits tas de pâte bien espacés. Aplatissez-les avec le dos d'une cuillère de façon à obtenir des galets de 5 ou 6 cm de diamètre.

5. Enfournez pour 20 minutes environ, jusqu'à ce que les cookies soient dorés. Servez-les tièdes ou froids, selon votre goût.

SANS LACTOSE

BARRES DE CÉRÉALES
bikini friendly

Calories : 96
Protides : 2 g
Lipides : 4 g
Glucides : 13 g

Pour 12 à 15 barres
Préparation : 15 minutes
Cuisson : 30 minutes

20 cl de lait demi-écrémé (ou de lait végétal)
200 g de muesli sans sucre ajouté
1 poignée de pépites de chocolat
2 cuill. à soupe de miel
2 cuill. à soupe d'huile d'olive

1. Préchauffez le four à 180 °C (th. 6).

2. Dans un saladier, mélangez le muesli et le lait, puis laissez gonfler quelques minutes.

3. Dans un bol, délayez le miel avec l'huile, puis incorporez le tout au muesli. Ajoutez les pépites de chocolat et mélangez délicatement.

4. Étalez cette pâte sur une plaque tapissée de papier sulfurisé et faites cuire 20 minutes. Sortez du four, découpez les barres, espacez-les, puis réenfournez pour 5 à 10 minutes. Laissez refroidir avant de déguster.

★★★ SANS SUCRES AJOUTÉS ★★★

RIZ AU LAIT CHOCOLATÉ
zéro sucre

Calories : 275
Protides : 7 g
Lipides : 7 g
Glucides : 46 g

Pour 2 personnes
Préparation : 3 minutes
Cuisson : 30 minutes

15 cl de lait demi-écrémé
15 g de chocolat noir
à 60 % de cacao
30 g de riz rond
1 cuill. à café de sirop d'agave

1. Versez le lait dans une casserole et ajoutez le riz. Couvrez et laissez cuire à feu très doux pendant 30 minutes environ.

2. Hors du feu, incorporez le chocolat cassé en carrés et laissez-le fondre. Versez le sirop d'agave et mélangez.

3. Répartissez le riz au lait dans 2 petits pots, filmez et réservez au frais.

POUR LES
FONDUS DE CHOCOLAT
★★★

RIZ AU LAIT À LA PÊCHE

Calories : 165 calories
Protéines : 5 g
Lipides : 4 g
Glucides : 34 g

Pour 2 personnes
Préparation : 10 minutes
Cuisson : 20 minutes
Réfrigération : 1 heure

300 ml de lait demi-écrémé
40 g de riz rond
1 pêche
1 cuill. à soupe de jus de citron
1 sachet de sucre vanillé (ou 1 cuill. à soupe de sucre Vahiné®)

1. Chauffez dans une casserole le lait avec le sucre et le riz cru. Laissez cuire 20 minutes et remuez régulièrement avec une spatule en bois.

2. Pelez la pêche et coupez-la en petits morceaux.

3. Incorporez dans le riz cuit légèrement refroidi le jus de citron et les morceaux de pêche. Mélangez, versez dans 2 ramequins individuels et réservez au frais.

POUR LES SUPER FAUCHÉS

MOUSSE AU CHOCOLAT
et au gingembre confit

Calories : 243
Protides : 5 g
Lipides : 15 g
Glucides : 22 g

Pour 4 personnes
Préparation : 20 minutes
Cuisson : 2 minutes
Réfrigération : 2 heures

2 blancs d'œufs
12,5 cl de lait demi-écrémé
20 cl de crème de soja (ou de crème fraîche à 15 % MG)
100 g de chocolat noir à 70 % de cacao
2 cuill. à soupe de cacao amer en poudre
2 cuill. à soupe de sucre complet (rapadura)
2 g d'agar-agar en poudre
1 pincée de gingembre en poudre
1 cm de gingembre confit (dans les épiceries asiatiques ou les magasins biologiques)
Sel

1. Faites fondre le chocolat cassé en morceaux dans un saladier placé au bain-marie, avec la crème de soja.

2. Dans un autre saladier, fouettez les blancs d'œufs en neige avec une pincée de sel en versant petit à petit le sucre quand ils commencent à raffermir. Continuez de fouetter jusqu'à ce qu'ils soient bien fermes. Réservez.

3. Chauffez le lait dans une casserole avec l'agar-agar. Portez à ébullition et laissez frémir 1 minute environ, jusqu'à léger épaississement.

4. Une fois que le chocolat a fondu, retirez du feu, ajoutez le gingembre en poudre, puis la crème chaude, et mélangez à l'aide d'une cuillère en bois. Laissez tiédir, puis incorporez délicatement les blancs d'œufs en neige. Répartissez la mousse obtenue dans 4 coupelles et réservez au réfrigérateur pendant 2 heures.
Au moment de servir, coupez le gingembre confit en fines lamelles et garnissez-en les mousses, puis parsemez de cacao amer.

SPÉCIAL
SAVEURS RELEVÉES
★★★

MOUSSE DE FRAISE
et mini-madeleines

Calories : 149
Protides : 6 g
Lipides : 5 g
Glucides : 20 g

Pour 4 personnes
Préparation : 15 minutes
Réfrigération : 3 heures
Cuisson : 10 minutes

Pour la mousse :
250 g de fraises
400 g de tofu soyeux (dans les magasins biologiques)
1 brin de menthe
2 cuill. à soupe de sucre complet (rapadura)

Pour les mini-madeleines :
60 g de margarine spécial cuisson
2 œufs
75 g de farine de blé (T65)
1 cuill. à café rase de poudre à lever biologique (sans phosphates)
40 g de sucre en poudre + 1 sachet de sucre vanillé
Quelques gouttes d'extrait de vanille
Sel

1. Préparez la mousse. Lavez les fraises, puis séchez-les sur un papier absorbant. Coupez 2 fraises en deux avec leur pédoncule et réservez-les. Équeutez les autres et déposez-les dans le bol d'un blender. Mixez-les et passez-les au chinois. Rincez le blender, puis versez-y la pulpe de fruits et le tofu égoutté. Prélevez les feuilles de menthe et ajoutez-les dans le bol, avec le sucre. Mixez les ingrédients et répartissez la mousse dans 4 coupes en verre. Réservez 2 heures environ au réfrigérateur.

2. Préparez les madeleines. Faites fondre la margarine à feu doux dans une casserole, puis laissez tiédir. Cassez les œufs dans un saladier, puis ajoutez les sucres, l'extrait de vanille et une pincée de sel. Fouettez 2 à 3 minutes. Mélangez la farine et la poudre à lever dans un bol, puis incorporez-les au mélange précédent. Versez la margarine fondue et délayez jusqu'à l'obtention d'une pâte homogène. Laissez reposer au moins 1 heure au réfrigérateur.

3. Préchauffez le four à 180 °C (th. 6). Versez la pâte dans des moules à mini-madeleines et faites cuire pendant 10 minutes environ. Sortez les madeleines du four dès qu'elles sont dorées. Au moment de servir, décorez chaque mousse avec ½ fraise et 1 madeleine.

MOUSSE DE PÊCHE JAUNE
aux pistaches

Calories : 144
Protides : 3 g
Lipides : 8 g
Glucides : 15 g

Pour 4 personnes
Préparation : 10 minutes

3 pêches jaunes mûres
2 cuill. à soupe de pistaches nature
1 cuill. à soupe de purée d'amandes (Jean Hervé®, par exemple)
1 cuill. à soupe de sirop d'agave
5 cl de lait d'amande (au rayon bio, type Bjorg®)

1. Pelez les pêches, coupez-les en deux et dénoyautez-les. Taillez ½ pêche en petits dés ; réservez-les au frais.

2. Coupez le reste des pêches en gros morceaux. Mettez-les dans le bol d'un blender avec le lait, la purée d'amandes et le sirop d'agave. Mixez jusqu'à l'obtention d'une mousse et répartissez-la dans 4 coupes en verre. Réservez au frais jusqu'au moment de servir.

3. Concassez grossièrement les pistaches, parsemez-en les mousses, répartissez les dés de pêche réservés et servez aussitôt.

★★★ SANS SUCRES AJOUTÉS ★★★

YAOURT, COCO FRAÎCHE *et mangue*

Calories : 210
Protéines : 6 g
Lipides : 10,5 g
Glucides : 23 g

Pour 4 personnes
Préparation : 10 minutes

400 g de yaourt grec à 10 % de MG
200 g de mangue bien mûre
150 g de pulpe de mangue
50 g de noix de coco fraîche
10 ml de jus de citron vert
4 feuilles de basilic

1. Épluchez la mangue, faites des petits dés de 1 cm, réservez.

2. Épluchez la noix de coco, faites des petits dés de 0,5 cm, réservez.

3. Disposez soigneusement dans de petites verrines la pulpe de mangue, le yaourt mélangé aux dés de noix de coco et au citron vert, puis les dés de mangue et les feuilles de basilic.

SANS SUCRES AJOUTÉS

MOUSSE AUX FRUITS

Calories : 90
Protéines : 3,5 g
Lipides : 0,5 g
Glucides 17,5 g

Pour 4 personnes
Préparation : 5 minutes
Cuisson : 10 minutes

600 g de fruits frais au choix (pommes, poires, pêches, abricots...)
3 blancs d'œufs
Parfum au choix (1 pincée de cannelle ou quelques gouttes d'extrait de vanille)
Sucralose (facultatif)
Quelques tranches de pamplemousse pour la décoration

1. Faites cuire les fruits de votre choix, préalablement lavés et épluchés, soit au four, soit au micro-ondes, soit dans un fond d'eau, puis mixez-les.

2. Dans la compote chaude, incorporez les blancs d'œufs battus en neige, le parfum de votre choix et éventuellement le sucralose.

3. Versez dans 4 ramequins et décorez avec quelques tranches de pamplemousse. Servez frais.

SANS SUCRES AJOUTÉS

YAOURTS GOURMANDS
ananas-coco

Calories : 139
Protéines : 4 g
Lipides : 7 g
Glucides 15 g

Pour 8 pots de yaourt
Préparation : 15 minutes
Cuisson : 15 minutes
Étuvage : 9 heures

250 g d'ananas frais
90 cl de lait entier
1 yaourt au lait entier (ou 1 dose de ferments lactiques)
1 noix de beurre
40 g de lait demi-écrémé en poudre
10 cl de lait de coco
100 g de noix de coco en poudre
4 cuill. à soupe de sirop d'agave
1 cuill. à café de vanille en poudre
3 cuill. à soupe de noix de coco séchée

1. Chauffez le beurre dans une casserole. Coupez l'ananas en tout petits dés et déposez-les dans la casserole. Versez la vanille en poudre, mélangez et couvrez. Laissez cuire 10 minutes à feu doux.

2. Poêlez à sec la noix de coco séchée jusqu'à légère coloration. Ajoutez-la à l'ananas cuit et répartissez le tout dans le fond des pots de yaourt.

3. Portez le lait et le lait de coco à ébullition avec la noix de coco en poudre, puis laissez refroidir à température ambiante.

4. Filtrez le lait refroidi en le versant dans un saladier. Incorporez-y le yaourt (ou les ferments lactiques), la poudre de lait et le sirop d'agave. Versez la préparation sur l'ananas, puis placez les pots dans la yaourtière. Branchez et laissez étuver 9 heures. Mettez au frais avant de consommer.

SANS SUCRES AJOUTÉS

YAOURTS VANILLÉS *maison*

Calories : 118
Protéines : 6,5 g
Lipides : 4 g
Glucides 14 g

Pour 8 yaourts
Préparation : 5 minutes
Étuvage : 9 heures

90 cl de lait entier
1 pot de yaourt au lait entier
1 pot de poudre de lait demi-écrémé
4 sachets de sucre naturel à la vanille Bourbon (ou 40 g de sucre à la vanille Bourbon de Béghin-Say®)

1. Portez le lait à ébullition avec le sucre vanillé, puis laissez refroidir à température ambiante.

2. Dans un saladier, mélangez le yaourt, la poudre de lait et le lait vanillé. Versez le tout dans les pots de yaourt, puis placez-les dans la yaourtière et laissez étuver 9 heures. Réservez au frais avant de servir.

POUR LES GRANDS DÉBUTANTS ★★★

PANNA COTTA VANILLÉE
au kiwi

Calories : 118
Protéines : 3 g
Lipides : 6 g
Glucides 13 g

Pour 6 personnes
Préparation : 10 minutes
Cuisson : 1 minute
Réfrigération : 2 heures

3 kiwis
30 cl de lait demi-écrémé
20 cl de crème de soja pour pâtisserie (ou de crème à 15 % MG)
4 cuill. à soupe de sirop d'agave
Quelques gouttes d'extrait de vanille
1 cuill. à café de vanille en poudre
1 cuill. à café d'agar-agar en poudre

1. Pelez les kiwis et coupez-en 1 en tout petits dés.

2. Versez dans une casserole le lait, la crème de soja, la vanille en poudre, l'extrait de vanille et la poudre d'agar-agar. Mélangez et portez à ébullition pendant 1 minute sans cesser de remuer.

3. Retirez du feu, versez 3 cuillerées à soupe de sirop d'agave et ajoutez les dés de kiwi, mélangez puis répartissez dans 6 verrines et laissez prendre 2 heures au réfrigérateur.

4. Pendant ce temps, coupez 3 rondelles dans un autre kiwi et recoupez-les en deux pour obtenir 6 demi-rondelles de kiwi. Réservez.

5. Mixez le kiwi restant avec le reste de sirop d'agave. Réservez au frais.

6. Au moment de servir, nappez chaque panna cotta de purée de kiwis et disposez ½ rondelle de kiwi sur chaque bordure de verre. Servez frais.

★★★ SANS SUCRES AJOUTÉS ★★★

FROMAGE BLANC ALLÉGÉ
aux pommes

Calories : 85
Protéines : 6 g
Lipides : 2 g
Glucides : 11 g

2 pommes (300 g)
1 œuf
200 g de fromage blanc à 0 % MG
1 cuill. à café de cannelle
Le jus de ½ citron
Sucralose (facultatif, selon votre goût)

1. Lavez et épluchez les pommes.
2. Lavez et cassez l'œuf en séparant le jaune du blanc.
3. Râpez les pommes dans un saladier (en conservant quelques morceaux pour la décoration), puis versez le jus de citron.
4. Ajoutez le jaune d'œuf, le fromage blanc, la cannelle et, éventuellement, le sucralose.
5. Mélangez bien puis incorporez le blanc d'œuf battu en neige en continuant de remuer.
6. Versez dans 4 ramequins, parsemez de morceaux de pomme et mettez au frais.

SANS SUCRES AJOUTÉS

ŒUFS À LA NEIGE,
crème anglaise safranée

Calories : 130
Protéines : 7 g
Lipides : 6 g
Glucides 12 g

Pour 4 personnes
Préparation : 15 minutes
Infusion : 20 minutes
Cuisson : 20 minutes

3 œufs
35 cl de lait demi-écrémé
3 cuill. à soupe de sirop d'agave (ou de sucre en poudre)
2 cuill. à soupe de sucre glace
1 cuill. à soupe d'amandes effilées
1 pointe de couteau de safran en poudre (ou pistils de safran)
Sel

1. Placez un saladier vide au congélateur (ou au réfrigérateur).

2. Portez le lait à ébullition dans une casserole, avec le safran. Puis ôtez du feu, couvrez et laissez infuser 15 à 20 minutes.

3. Pendant ce temps, séparez les blancs des jaunes d'œufs et fouettez les jaunes avec le sirop d'agave (ou le sucre en poudre), jusqu'à ce que le mélange devienne mousseux.

4. Portez de nouveau le lait safrané à ébullition, puis versez-le petit à petit sur les jaunes d'œufs, en remuant avec une cuillère en bois. Reversez le mélange dans la casserole et faites épaissir à feu doux, sans laisser bouillir, en remuant sans cesse : la crème doit « napper » la cuillère en bois. Sortez le saladier du congélateur et versez-y la crème safranée en la filtrant au chinois.

5. Pendant que la crème refroidit, faites chauffer de l'eau dans une sauteuse. Montez les blancs d'œufs en neige avec une pincée de sel, puis incorporez le sucre glace. Moulez les blancs en forme de quenelles.

6. Déposez-les dans l'eau frémissante, couvrez la sauteuse et faites-les cuire 3 minutes, en les retournant à l'aide d'une écumoire à mi-cuisson. Égouttez-les sur du papier absorbant. Versez la crème anglaise safranée dans 4 coupes et déposez les blancs refroidis dessus.

7. Chauffez une poêle antiadhésive et faites-y dorer les amandes effilées à sec. Servez les œufs à la neige parsemés d'amandes.

TRIFLE MANGUE-COCO

Calories : 230
Protéines : 7 g
Lipides : 10 g
Glucides : 28 g

Pour 4 personnes
Préparation : 10 minutes
Cuisson : 8 minutes

1 petite mangue
3 yaourts brassés
4 cuill. à café de noix de coco séchée

Pour le granola coco :
30 g de margarine spécial cuisson
30 g de noix de coco séchée
60 g de farine de riz (ou de blé T65)
30 g de sucre blond de canne

1. Préchauffez le four à 180 °C (th. 6).

2. Mélangez la noix de coco, le sucre et la farine avec la margarine fondue. Étalez la pâte en un disque et disposez-le sur la plaque du four. Faites cuire 8 minutes environ, jusqu'à coloration noisette. Sortez le granola du four, émiettez-le grossièrement et réservez-le dans un bol.

3. Pelez la mangue et coupez-la en tranches épaisses, puis en petits dés. Réservez au frais.

4. Au moment de servir, répartissez les dés de mangue dans le fond de 4 verres. Mélangez les yaourts avec la noix de coco séchée dans un grand bol, puis répartissez le mélange dans les verres. Parsemez de granola coco émietté avant de servir.

POUR LES TRÈS PRESSÉS ★★★

TRIFLE MELON-AMANDES

Calories : 240
Protéines : 8 g
Lipides : 12 g
Glucides : 25 g

Pour 4 personnes
Préparation : 15 minutes
Cuisson : 8 minutes

½ melon
3 yaourts brassés à la vanille

Pour le granola :
30 g de margarine spécial cuisson
30 g de poudre d'amande
60 g de farine de riz complet
30 g de sucre blond de canne

1. Préchauffez le four à 180 °C (th. 6).

2. Faites fondre la margarine à feu doux, puis laissez-la tiédir. Dans une jatte, mélangez-la avec le sucre, la poudre d'amande et la farine, jusqu'à l'obtention d'une pâte homogène. Étalez la pâte à l'aide d'un rouleau à pâtisserie et déposez-la sur une plaque tapissée de papier sulfurisé. Faites cuire 8 minutes environ, jusqu'à coloration noisette. Sortez du four et réservez le granola dans un bol.

3. Prélevez des billes de melon à l'aide d'une cuillère parisienne (ou d'une petite cuillère). Mélangez les yaourts dans un grand bol et répartissez le tout dans 4 verres. Ajoutez des billes de melon et parsemez de granola. Servez aussitôt.

POUR LES
DÎNERS
D'ÉTÉ
★★★

TRIFLE ESTIVAL ZÉRO SUCRE

Calories : 191
Protéines : 11 g
Lipides : 7 g
Glucides : 21 g

Pour 4 personnes
Préparation : 10 minutes
Réfrigération : 1 heure

150 g de fraises
3 nectarines
400 g de fromage blanc au lait de chèvre
1 cuill. à soupe de menthe ciselée
30 g de pignons de pin
2 cuill. à soupe de sirop de thé vert à la menthe (Maison Meneau®, par exemple)

1. Pelez les nectarines, puis coupez-les en tout petits dés. Lavez les fraises, puis équeutez-les. Réservez-en 6 et coupez le reste en petits dés.

2. Mélangez les fruits et arrosez-les avec 1 cuillerée à soupe de sirop de thé vert à la menthe dilué dans 10 cl d'eau (à défaut, préparez un thé vert à la menthe sucré et réservez-en 10 cl). Conservez au frais pendant au moins 1 heure.

3. Mixez les pignons avec les 6 fraises réservées et le reste de sirop.

4. Égouttez le mélange de fruits (conservez le jus de macération) et répartissez-le dans le fond de 4 verres. Mélangez le fromage blanc avec un peu de jus de macération et versez dans les verres, en deuxième couche. Terminez par une couche de fraises et pignons mixés, et parsemez de menthe ciselée.

SANS SUCRES AJOUTÉS

GRATIN DE POMELOS ALLÉGÉ

Calories : 79
Protéines : 4 g
Lipides : 4 g
Glucides : 6 g

Pour 4 personnes
Préparation : 10 minutes

400 g de quartiers de pamplemousse rose (pomelos)
1 pincée de cannelle

Pour le sabayon sucré :
1 jaune d'œuf
40 g de fromage blanc à 4 % de MG
Sucralose

1. Réalisez le sabayon : battez le jaune d'œuf avec 1 cuillerée à soupe d'eau frémissante jusqu'à l'obtention d'un ruban. Ajoutez le fromage blanc. Mélangez et ajoutez le sucralose et la cannelle.

2. Nappez le fond de 4 grandes assiettes avec le sabayon. Disposez dessus les quartiers de pamplemousse. Passez sous le gril et laissez dorer.

POUR LES TRÈS PRESSÉS ★★★

TIRAMISU AUX FRAMBOISES

Calories : 214
Protéines : 9 g
Lipides : 10 g
Glucides : 22 g

Pour 8 personnes
Préparation : 20 minutes
Réfrigération : 3 heures

250 g de framboises
450 g de ricotta
4 yaourts vanillés
(voir recette maison p. 88)
24 biscuits Savoiardi
(ou boudoirs ou biscuits
à la cuillère)
20 cl de café
2 cuill. à soupe de cacao
amer en poudre
2 cuill. à soupe de sucre
en poudre
½ cuill. à café d'extrait
de vanille liquide

1. Dans un saladier, fouettez la ricotta avec les yaourts, le sucre et la vanille jusqu'à consistance homogène.

2. Disposez la moitié des biscuits côte à côte dans un plat à gratin de 2 litres de contenance. Badigeonnez-les au pinceau avec la moitié du café. Répartissez la moitié du mélange à la ricotta sur les biscuits, puis saupoudrez régulièrement de la moitié du cacao. Recommencez cette opération avec le reste des biscuits, du café et du mélange à la ricotta. Couvrez le plat de film alimentaire et réservez 3 heures au réfrigérateur.

3. Juste avant de servir le tiramisu, saupoudrez-le régulièrement du reste de cacao, puis garnissez-le de framboises.

POUR LES
DÎNERS
D'ÉTÉ
★★★

CRÈMES À L'ORANGE

Calories : 109
Protéines : 5 g
Lipides : 3 g
Glucides : 14 g

Pour 2 personnes
Préparation : 15 minutes
Infusion : 10 minutes
Cuisson : 30 minutes
Réfrigération : 2 heures

½ orange à jus non traitée
1 orange de table
1 œuf
10 cl de lait demi-écrémé
1 cuill. à soupe rase de sucre blond de canne
¼ gousse de vanille

1. Préchauffez le four à 150 °C (th. 5).

2. Versez le lait dans une casserole et ajoutez le morceau de gousse de vanille fendu et gratté. Portez à frémissements, puis retirez du feu et laissez infuser 10 minutes.

3. Pendant ce temps, râpez finement le zeste de l'orange non traitée, puis pressez-la pour recueillir son jus. Dans un saladier, fouettez rapidement l'œuf avec le sucre, puis ajoutez-y la moitié du jus recueilli et le zeste d'orange. Délayez avec le lait vanillé (ôtez la gousse).

4. Versez cette préparation dans 2 ramequins et placez-les dans un plat à four. Versez 2 ou 3 cm d'eau dans le plat, autour des ramequins. Enfournez au bain-marie pour 30 minutes. À la sortie du four, laissez refroidir et réservez la crème au moins 2 heures au réfrigérateur.

5. Pelez à vif l'orange de table et détachez ses quartiers. Disposez-en quelques-uns sur la crème au moment de déguster.

POUR LES
REPAS FESTIFS
★★★

CRÈMES RENVERSÉES
au citron

Calories : 157
Protéines : 8 g
Lipides : 5 g
Glucides : 20 g

Pour 4 personnes
Préparation : 10 minutes
Infusion : 10 minutes
Cuisson : 35 minutes
Réfrigération : 3 heures

1 citron vert (non traité de préférence)
3 œufs
40 cl de lait demi-écrémé
30 g de sucre blond de canne
4 cuill. à café de caramel naturel bio

1. Préchauffez le four à 150 °C (th. 5).

2. Versez le lait dans une casserole et râpez le zeste du citron au-dessus. Portez à ébullition à feu moyen, puis retirez du feu et laissez infuser 10 minutes.

3. Pendant ce temps, pressez le citron pour recueillir son jus et versez-le dans un saladier. Ajoutez les œufs et le sucre, puis mélangez. Versez le lait infusé dans le saladier en filtrant (pour éliminer le zeste) et mélangez au fouet.

4. Déposez 1 cuillerée à café de caramel au fond de 4 ramequins, puis versez la crème par-dessus. Disposez les ramequins dans un plat à four et versez-y de l'eau chaude aux trois quarts de leur hauteur. Enfournez pour 30 minutes environ. Vérifiez la cuisson en enfonçant une pointe de couteau dans la crème : elle doit ressortir propre. Laissez refroidir, puis réservez au moins 3 heures au réfrigérateur. Servez frais.

SANS GLUTEN

PANNA COTTA À LA FRAISE

Calories : 114
Protéines : 3 g
Lipides : 6 g
Glucides : 12 g

Pour 6 personnes
Préparation : 10 minutes
Cuisson : 5 minutes
Réfrigération : 2 heures

250 g de fraises
30 cl de lait demi-écrémé
20 cl de crème de soja (ou de crème fraîche à 15 % MG)
4 cuill. à soupe de sirop d'agave (Jean Hervé®, par exemple)
1 cuill. à café d'agar-agar en poudre
1 cuill. à café de vanille en poudre
Quelques gouttes d'extrait de vanille liquide

1. Versez dans une casserole le lait, la crème, la vanille en poudre, l'extrait de vanille et l'agar-agar. Mélangez et portez à ébullition, puis laissez bouillir 1 minute sans cesser de remuer. Retirez du feu, ajoutez 2 cuillerées à soupe de sirop d'agave, mélangez et répartissez la préparation dans 6 verrines. Laissez refroidir et réservez 2 heures au réfrigérateur.

2. Pendant ce temps, lavez puis équeutez les fraises. Coupez-les en morceaux et mixez-les avec le reste de sirop d'agave. Réservez également au frais.

3. Servez chaque panna cotta nappée d'un peu de coulis de fraises.

RICOTTA AUX ABRICOTS

Calories : 189
Protéines : 7 g
Lipides : 9 g
Glucides : 20 g

Pour 4 personnes
Préparation : 15 minutes

150 g de framboises
4 abricots
300 g de ricotta
4 biscuits aux amandes (type amaretti)
12 cl de lait d'amande (au rayon diététique, type Bjorg®)
1 cuill. à café de vanille en poudre
30 g de sucre complet (rapadura)

1. Dans un saladier, mélangez la ricotta, le lait, le sucre et la vanille. Réservez au réfrigérateur.

2. Lavez et essuyez les abricots, puis dénoyautez-les et coupez leur chair en dés. Écrasez grossièrement les framboises à l'aide d'une fourchette. Ajoutez les fruits au mélange de ricotta.

3. Répartissez cette préparation dans 4 coupes en verre et émiettez les biscuits dessus. Servez aussitôt.

POUR LES DÎNERS D'ÉTÉ ★★★

BÛCHE GLACÉE
yaourt-banane

Calories : 143
Protéines : 3 g
Lipides : 1 g
Glucides : 31 g

Pour 6 personnes
Préparation : 15 minutes
Congélation : 12 heures
Cuisson : 5 minutes

2 bananes épluchées
et coupées en morceaux
+ 1 banane entière
1 cuill. à café de jus de citron
1 yaourt nature
12,5 cl de lait concentré
non sucré
50 g de sucre blond de canne
1 sachet de sucre vanillé
1 cuill. à café de rhum ambré
1 filet d'huile pour la poêle

1. Mixez les morceaux de bananes avec le sucre de canne, le jus de citron, le rhum et le yaourt. Transférez la préparation obtenue dans un saladier.

2. Fouettez le lait concentré au batteur électrique, jusqu'à l'obtention d'une chantilly. À l'aide d'une spatule souple, incorporez-la délicatement à la préparation précédente.

3. Versez la préparation dans un moule à cake en silicone et laissez prendre 12 heures au congélateur.

4. Une dizaine de minutes avant de servir, démoulez la bûche glacée et réservez-la au réfrigérateur.

5. Pelez la banane entière et coupez-la en deux dans le sens de la longueur. Huilez une poêle antiadhésive au pinceau et faites-la chauffer à feu moyen. Faites-y dorer les moitiés de banane 2 minutes, puis retournez-les et saupoudrez du sucre vanillé. Poursuivez la cuisson 2 minutes environ, jusqu'à ce que le sucre soit fondu. Servez la bûche glacée garnie des bananes chaudes.

POUR LES
REPAS
FESTIFS
★★★

SORBET AUX LITCHIS
et au gingembre

Calories : 68
Protéines : 0 g
Lipides : 0 g
Glucides : 17 g

Pour 4 personnes
Préparation : 10 minutes
Congélation : 13 heures

400 g de litchis frais
(ou 1 boîte de litchis)
1 cuill. à soupe de gingembre frais râpé
1 cuill. à soupe de sucre en poudre

1. Si vous utilisez des litchis frais, pelez-les et dénoyautez-les. Puis mixez-les avec 10 cl d'eau, le sucre et le gingembre. S'il s'agit de litchis en boîte, égouttez-les en conservant le jus et mixez-les avec 10 cl de celui-ci.

2. Versez la préparation obtenue dans un moule de 20 cm environ de côté et réservez au congélateur pendant 3 heures.

3. Sortez la préparation glacée et cassez-la avant de la repasser à nouveau au robot. Mixez jusqu'à ce qu'elle soit ramollie.

4. Remettez-la dans le moule et laissez prendre au congélateur pendant une dizaine d'heures. Sortez le moule du congélateur et attendez 5 minutes avant de servir le sorbet dans des coupelles.

SPÉCIAL
SAVEURS RELEVÉES
★★★

GLACE VANILLE,
café ou chocolat

Calories : 109
Protéines : 10 g
Lipides : 5 g
Glucides : 6 g

Pour 4 personnes
Préparation : 10 minutes
Cuisson : 10 minutes
Réfrigération : 6 heures

3 jaunes d'œufs
½ l de lait écrémé
1 pointe de couteau de Maïzena®

Pour le parfum au choix :
1 cuill. à café de cacao non sucré à dissoudre dans un fond d'eau ou quelques gouttes d'extrait de vanille ou de café
Sucralose (facultatif)

1. Dans un récipient, battez les jaunes d'œufs avec la Maïzena® jusqu'à l'obtention d'une mousse homogène.

2. Dans une casserole, faites chauffer le lait avec le parfum de votre choix à feu doux. Hors du feu, ajoutez le lait aux jaunes d'œufs.

3. Remettez sur feu doux tout en mélangeant avec une spatule jusqu'à épaississement (arrêtez la cuisson dès que le mélange nappe la spatule).

4. Ajoutez éventuellement le sucralose. Filtrez le mélange et versez dans un récipient. Mettez en sorbetière au « freezer ».

SANS SUCRES AJOUTÉS

VERRINES DE POMME
aux perles du Japon

Calories : 123
Protéines : 3,5 g
Lipides : 1,5 g
Glucides : 24 g

Pour 6 personnes
Préparation : 25 minutes
Cuisson : 50 minutes

2 pommes (Antarès®)
Le jus de ½ citron vert
40 cl de lait d'amande (Bjorg®, par exemple ou lait demi-écrémé)
40 g de perles du Japon (ou de tapioca)
1 cuill. à soupe de sirop d'érable

1. Lavez les pommes et coupez-les en quartiers. Réservez 2 quartiers et pelez les autres.

2. Faites chauffer le lait d'amande à feu doux dans une casserole, puis versez-y les perles du Japon. Râpez les quartiers de pommes pelés au-dessus de la casserole et mélangez. Faites cuire pendant 15 minutes environ : les perles doivent devenir translucides.

3. Pendant ce temps, coupez les quartiers réservés en lamelles puis en fins bâtonnets, de manière à conserver un peu de peau au sommet, comme pour imiter une allumette (tête rouge de la peau et tige blanche de la chair). Versez le jus de citron vert dessus et mélangez délicatement.

4. Au terme de la cuisson, ajoutez le sirop d'érable, mélangez et répartissez la préparation dans 4 verrines. Piquez dedans quelques bâtonnets de pommes façon « hérisson » et réservez au réfrigérateur pendant 2 heures.

POUR LES
REPAS FESTIFS
★★★

VERRINES DE SEMOULE
aux myrtilles

Calories : 101
Protéines : 3 g
Lipides : 1 g
Glucides : 20 g

Pour 4 personnes
Préparation : 15 minutes
Cuisson : 15 minutes

25 cl de lait demi-écrémé
30 g de semoule de blé fine complète
1 cuill. à soupe de sucre blond de canne en poudre

Pour la compotée de myrtilles :
250 g de myrtilles
1 cuill. à soupe de sirop d'agave (ou 1 cuill. de sucre blond de canne en poudre)
1 sachet de sucre vanillé

1. Faites chauffer le lait dans une casserole jusqu'à ce qu'il frémisse. Ajoutez ensuite le sucre et mélangez avec une cuillère en bois. Puis versez la semoule en pluie sans cesser de remuer. Laissez cuire 5 minutes en remuant de temps en temps.

2. Ôtez du feu et répartissez la semoule dans 4 verrines.

3. Dans une autre casserole, faites chauffer les myrtilles tout doucement avec le sucre vanillé, jusqu'à ce qu'elles s'écrasent. Retirez-les du feu et ajoutez le sirop d'agave, puis laissez tiédir.

4. Versez la compotée de myrtilles ainsi obtenue sur la semoule au lait et servez tiède ou frais, selon votre goût.

POUR LES DÎNERS D'ÉTÉ

FRUITS À LA GELÉE D'AMANDE

Calories : 108
Protéines : 4 g
Lipides : 0,5 g
Glucides : 21,5 g

Pour 4 personnes
Préparation : 10 minutes
Cuisson : 5 minutes

400 ml de lait écrémé
6 gouttes d'extrait d'amande amère
1 gousse de vanille
3 feuilles de gélatine
400 g de fruits frais (1 mangue, ½ ananas, 2 kiwis, 8 litchis, 8 fraises...)

1. Dans une casserole, faites chauffer jusqu'à ébullition le lait, l'extrait d'amande amère et la moitié de la gousse de vanille.

2. Faites ramollir les feuilles de gélatine dans un peu d'eau froide, égouttez-les puis, hors du feu, incorporez-les au lait. Mélangez jusqu'à dissolution de la gélatine, versez dans un plat sur une épaisseur de moins de 1 cm et faites prendre la gelée au réfrigérateur.

3. Lavez et épluchez les fruits. Coupez la mangue en cubes, les kiwis en rondelles, l'ananas en lamelles.

4. Découpez un rond de gelée. Disposez-le au fond d'une assiette creuse, mettez les fruits dessus et décorez avec l'autre moitié de gousse de vanille ouverte en deux.

SANS SUCRES AJOUTÉS

MINI-COCOTTES
de fruits d'hiver en crumble cacaoté

Calories : 271
Protéines : 4 g
Lipides : 11 g
Glucides : 39 g

Pour 4 personnes
Préparation : 20 minutes
Repos : 1 heure
Cuisson : 20 minutes

2 pommes (reinettes ou canada grise)
2 poires
1 cuill. à soupe de jus de citron
20 g de sucre blond de canne
2 étoiles de badiane (anis étoilé) réduites en poudre
1 cuill. à café de cannelle en poudre
½ cuill. à café de gingembre en poudre
½ cuill. à café de vanille en poudre

Pour la pâte à crumble :
40 g de margarine spécial cuisson
60 g de farine (T65)
40 g de sucre blond de canne non raffiné
30 g de poudre d'amande
10 g de cacao amer en poudre

1. Préparez la pâte à crumble en mélangeant tous les ingrédients du bout des doigts pour obtenir une texture sableuse. Réservez 1 heure au frais, dans un saladier recouvert de film alimentaire. Préchauffez le four à 180 °C (th. 6).

2. Pelez les pommes et les poires, épépinez-les, puis coupez-les en cubes. Déposez-les dans un saladier et arrosez-les de jus de citron. Saupoudrez de sucre et d'épices, puis mélangez.

3. Répartissez les fruits dans 4 mini-cocottes individuelles (ou des moules à crème brûlée). Recouvrez de pâte à crumble, enfournez pour 20 minutes et servez chaud.

POUR LES REPAS FESTIFS ★★★

FRUITS D'AUTOMNE
au sirop d'agave, petites gaufrettes

Calories : 2 + 1 g
Protéines : 2 + 1
Lipides : 5 g
Glucides : 33 + 8 g

Pour 4 personnes
Préparation : 15 minutes
Réfrigération : 1 h 30
Cuisson : 15 minutes

250 g de myrtilles (ou mûres)
8 reines-claudes
4 figues fraîches
3 cuill. à soupe de sirop d'agave (ou d'érable)

Pour les gaufrettes (pour 30 unités) :
60 g de margarine spécial cuisson
1 œuf
100 g de sucre blond de canne
100 g de farine blanche fluide
100 g de farine complète
12,5 cl de lait demi-écrémé
1 cuill. à café de cannelle en poudre

1. Préparez les gaufrettes. Faites fondre la margarine dans une casserole à feu doux. Cassez l'œuf dans un saladier et mélangez avec le sucre. Versez le lait, puis délayez petit à petit avec les farines.

2. Ajoutez la cannelle et la margarine fondue, puis mélangez pour obtenir une pâte compacte, qui colle à la spatule en bois. Laissez reposer 30 minutes au réfrigérateur.

3. Pendant ce temps, préparez la salade de fruits. Déposez les myrtilles (ou les mûres) dans un saladier, sans les laver. Lavez les prunes et les figues, puis dénoyautez les prunes et coupez-les, ainsi que les figues, en morceaux. Ajoutez-les dans le saladier. Versez le sirop d'agave, mélangez et réservez au moins 1 heure au frais (les fruits vont naturellement rendre du jus).

4. Placez les plaques à gaufrettes dans l'appareil à gaufres et faites-le chauffer. Faites cuire les gaufrettes en prélevant des noisettes de pâte à l'aide d'une petite cuillère. Disposez-les au fur et à mesure sur une grande assiette et laissez-les refroidir.

5. Au moment de servir, répartissez la salade de fruits dans 4 coupelles en verre et servez avec une gaufrette. Présentez les gaufrettes restantes à part.

TARTARE DE FRUITS EXOTIQUES

Calories : 100
Protéines : 1 g
Lipides : 0 g
Glucides : 24 g

Pour 4 personnes
Préparation : 15 minutes
Cuisson : 20 minutes

150 g d'ananas
2 fruits du dragon
½ mangue
1 banane
20 cl de jus de fruits exotiques (100 % pur jus)
1 cuill. à café de vanille en poudre
1 cuill. à soupe de menthe ciselée

1. Faites bouillir le jus de fruits exotiques et la vanille en poudre pendant quelques minutes. Laissez refroidir.

2. Épluchez les fruits. Coupez l'ananas et la mangue en cubes, les fruits du dragon et la banane en fines rondelles.

3. Répartissez les fruits dans 4 coupelles transparentes en commençant par la banane et les fruits du dragon, puis en ajoutant les dés de mangue et d'ananas. Arrosez avec le jus à la vanille, parsemez de menthe ciselée et servez aussitôt. (Si vous préparez cette salade à l'avance, ajoutez-y les dés d'ananas au dernier moment sinon ils feraient « virer » les autres fruits.)

SANS SUCRES AJOUTÉS

TARTARE DE FRUITS
frais et secs

Calories : 124
Protéines : 2 g
Lipides : 0 g
Glucides : 29 g

Pour 4 personnes
Préparation : 15 minutes
Réfrigération : 30 minutes

4 abricots secs
4 pruneaux
20 g de raisins secs blonds
1 pomme granny-smith
80 g de melon (ou autre fruit de saison : pastèque, fruits rouges…)
Le jus de 1 orange

Pour la sauce :
25 g d'abricots secs
Le jus de 1 orange
60 g de fromage blanc

1. Coupez les abricots et les pruneaux en très petits dés et versez-les dans un saladier.

2. Lavez la pomme, conservez sa peau et éliminez son trognon. Coupez-la en très petits dés et versez dans le saladier. Coupez le melon en très petits dés et versez dans le saladier.

3. Ajoutez les raisins secs et le jus de l'orange ; mélangez et réservez au frais 30 minutes.

4. Mixez les ingrédients de la sauce.

5. Remplissez 4 ramequins de tartare de fruits et versez un peu de sauce dessus.

★★★
SANS SUCRES AJOUTÉS
★★★

VARIATION À L'ANANAS

Calories : 163
Protéines : 7 g
Lipides : 3,5 g
Glucides : 26 g

Pour 4 personnes
Préparation : 20 minutes
Réfrigération : 1 heure
Cuisson : 10 minutes

2 petits ananas Victoria
Le jus de 1 citron vert
2 brins de thym frais
1 œuf
2 sachets de sucre vanillé
250 g de fromage blanc à 20 % MG (ou de ricotta)
1 cuill. à soupe de sirop d'agave
½ cuill. à café de vanille en poudre
1 noix de beurre

1. Séparez le blanc du jaune d'œuf. Fouettez le jaune dans un bol avec 1 sachet de sucre vanillé. Quand le mélange blanchit, ajoutez le fromage blanc, la poudre de vanille et le sirop d'agave. Remuez et réservez au réfrigérateur pendant 1 heure.

2. Pendant ce temps, pelez 1 ananas, puis coupez-le en tranches très fines, en carpaccio, et réservez-les également au frais.

3. Coupez l'autre ananas en cubes en éliminant la peau et déposez-les dans une casserole. Ajoutez le beurre et l'autre sachet de sucre vanillé. Faites chauffer en remuant sans cesse pendant 5 minutes environ, puis retirez du feu.

4. Portez 12 cl d'eau à ébullition avec le thym, puis retirez du feu et laissez infuser 10 minutes. Filtrez et versez dans le bol d'un mixeur avec les cubes d'ananas et le jus de citron. Réservez au frais.

5. Au moment de servir, sortez du réfrigérateur la préparation au fromage blanc. Montez le blanc d'œuf en neige ferme et incorporez-le délicatement à la préparation. Disposez quelques rondelles d'ananas frais sur 4 assiettes à dessert, en formant une rosace. Déposez une quenelle de mousse au fromage blanc au centre et accompagnez d'une verrine de nage d'ananas au thym (ou versez-en un peu sur la mousse au fromage blanc et le reste en saucière).

DUO DE FRAISES EN COUPELLE

Calories : 66
Protéines : 0 g
Lipides : 2,5 g
Glucides : 11 g

Pour 4 personnes
Préparation : 10 minutes
Cuisson : 8 à 10 minutes

500 g de fraises
1 sachet de sucre vanillé
5 cl de crème semi-épaisse à 15 % de MG
1 cuill. à soupe de vinaigre balsamique

1. Lavez et équeutez les fraises

2. Réservez 150 g de fraises. Coupez les autres en petits dés et mélangez-les avec le vinaigre balsamique et le sucre vanillé.

3. Faites chauffer une poêle antiadhésive et déposez-y les dés de fraises. Laissez cuire à feu doux 8 à 10 minutes.

4. Pendant ce temps, mixez les fraises réservées et mélangez-les avec la crème semi-épaisse.

5. Répartissez la crème de fraises dans 4 coupelles et versez la compotée de fraises dessus.

SANS SUCRES AJOUTÉS

TABOULÉ SUCRÉ
aux raisins

POUR LES GRANDS DÉBUTANTS ★★★

Calories : 196
Protéines : 5 g
Lipides : 0 g
Glucides : 44 g

Pour 4 personnes
Préparation : 10 minutes
Réfrigération : 1 heure

160 g de semoule de couscous complète
2 cuill. à soupe de sucre roux
1 sachet de sucre vanillé
1 branche de menthe fraîche
Le jus de 3 citrons
200 g de raisin noir
1 cuill. à soupe de raisins secs

1. Trempez les raisins secs dans 1 verre rempli d'eau pendant quelques minutes.

2. Versez la semoule de couscous dans un saladier et arrosez de jus de citron.

3. Sucrez et mélangez avec une fourchette. Ajoutez les raisins secs et faites bouillir leur eau de trempage. Versez progressivement sur la semoule, remuez et laissez gonfler.

4. Lavez et ciselez les feuilles de menthe et mélangez-les dans le saladier.

5. Égrenez et lavez les grains de raisin noir. Versez sur la semoule, mélangez et entreposez le saladier au réfrigérateur au moins 1 heure avant de servir.

SOUPE BANANE, FRAISE, *lait de coco*

Calories : 291
Protéines : 4,7 g
Lipides : 11,6 g
Glucides : 41,1 g

Pour 4 personnes
Préparation : 15 minutes

2 bananes
600 g de fraises
1 yaourt à 0 % de MG
200 ml de lait de coco
10 glaçons

1. Pelez les bananes et coupez-les en morceaux. Lavez et équeutez les fraises.

2. Mettez dans un blender les morceaux de bananes, les fraises, le yaourt, le lait de coco et les glaçons. Mixez jusqu'à l'obtention d'une boisson mousseuse.

3. Versez la soupe dans un bol et ajoutez 1 fraise en guise de décoration. Servez immédiatement.

POUR LES ENFANTS SAGES

COMPOTE « BONNE MINE »
zéro sucre

Calories : 84
Protéines : 0 g
Lipides : 0 g
Glucides : 21 g

Pour 4 personnes
Préparation : 10 minutes
Cuisson : 10 minutes

3 grosses pommes (reinettes, canada grise ou Antarès®)
1 mangue
1 orange
1 bâton de cannelle
½ gousse de vanille (ou ½ cuill. à café de vanille en poudre)

1. Pelez et épépinez les pommes, puis coupez-les en cubes de 1 cm de côté environ. Déposez-les dans un faitout.

2. Pelez la mangue et coupez-la en lamelles en tournant autour du noyau. Ajoutez-les aux morceaux de pommes, avec la cannelle et la gousse de vanille grattée (ou la vanille en poudre).

3. Versez quelques cuillerées d'eau et mélangez. Couvrez et faites cuire 10 minutes à feu doux.

4. Pressez l'orange et ajoutez le jus en fin de cuisson. Laissez tiédir hors du feu. Retirez la cannelle et la vanille, puis mixez la compote. Réservez au frais avant de servir.

SANS GLUTEN

COMPOTE DE PASTÈQUE,
figues et pistaches

Calories : 129
Protéines : 3 g
Lipides : 5 g
Glucides : 18 g

Pour 4 personnes
Préparation : 15 minutes
Cuisson : 5 minutes
Réfrigération : 1 heure

4 figues fraîches
600 g de pastèque
3 cuill. à soupe de jus de citron
1 sachet de sucre vanillé
1 cuill. à soupe d'eau de fleur d'oranger
4 cuill. à soupe de pistaches non salées

1. Coupez la pastèque en quartiers, puis épluchez-les et épépinez-les. Recoupez la chair en petits morceaux et faites-la compoter dans une casserole avec le sucre vanillé et un peu d'eau pendant 5 minutes. Laissez refroidir.

2. Dans un saladier, mélangez le jus de citron et l'eau de fleur d'oranger. Ajoutez-y la compote de pastèque refroidie et mélangez bien. Couvrez de film alimentaire et réservez 1 heure au réfrigérateur.

3. Au moment de servir, répartissez la compote dans 4 coupelles, garnissez avec 1 figue fraîche coupée en quartiers, puis parsemez de pistaches.

SANS GLUTEN

COMPOTE POMME-RHUBARBE

Calories : 108
Protéines : 0 g
Lipides : 0 g
Glucides : 27 g

Pour 1 personne
Préparation : 10 minutes
Cuisson : 10 minutes

1 belle pomme reine des reinettes
60 g de rhubarbe en morceaux (surgelée)
1 cuill. à soupe de jus de citron
1 cuill. à soupe de sucre de canne complet
½ cuill. à café de cannelle en poudre

1. Lavez la pomme. Coupez-la en quatre avant de la peler et de l'épépiner. Coupez-la en morceaux et mettez ceux-ci dans une casserole.

2. Ajoutez les morceaux de rhubarbe, le jus de citron, la canelle, le sucre et 3 cuillerées à soupe d'eau.

3. Couvrez et chauffez à feu doux 10 minutes environ. Enlevez le couvercle et laissez l'eau s'évaporer si besoin.

4. Mélangez sans écraser et laissez refroidir.

5. Versez dans une coupe et réservez au réfrigérateur.

SANS GLUTEN

SALADE DE FRUITS MI-EXOTIQUE
zéro sucre

Calories : 120
Protéines : 2 g
Lipides : 0 g
Glucides : 28 g

Pour 4 personnes
Préparation : 10 minutes

200 g d'un mélange de fruits rouges surgelé
1 banane
1 petit melon frais (ou 300 g de billes surgelées)
½ gros ananas (ou 1 petit Victoria ou 250 g d'ananas en morceaux surgelé)
1 filet de jus de citron
1 cuill. à soupe de menthe ciselée
2 cuill. à soupe de sirop de grenadine naturelle à l'agave (Maison Meneau®, par exemple)

1. Faites décongeler les fruits rouges, puis versez-les dans le bol d'un mixeur, avec le sirop de grenadine.

2. Mixez 1 minute, puis passez au chinois pour éliminer les grains. Réservez au frais le coulis obtenu.
Pelez la banane, puis coupez-la en rondelles au-dessus d'un saladier. Arrosez-les du jus de citron pour éviter qu'elles ne noircissent.

3. Coupez le melon en deux, épépinez-le et prélevez des billes de chair à l'aide d'une cuillère parisienne. Ajoutez-les aux rondelles de banane. Réservez au frais.

4. Au moment de servir, pelez l'ananas et coupez-le en petits morceaux. Ajoutez-les dans le saladier et mélangez délicatement les fruits. Répartissez la salade de fruits dans 4 coupes et nappez le tout de coulis. Parsemez de menthe avant de servir.

★★★ SANS GLUTEN ★★★

SALADE DE RAISIN AUX NOIX

Calories : 217
Protéines : 4 g
Lipides : 9 g
Glucides : 30 g

Pour 4 personnes
Préparation : 10 minutes
Cuisson : 20 minutes

3 grappes de raisin blanc
1 yaourt nature
50 g de noix concassées
1 cuill. à soupe de jus de citron
2 cuill. à soupe de miel

1. Dans une casserole, mélangez le miel, le jus de citron et 2 cuillerées à soupe d'eau. Faites cuire à feu doux pendant 20 minutes environ, jusqu'à l'obtention d'un sirop.

2. Dans un saladier, mélangez le yaourt et le sirop à la fourchette.

3. Lavez le raisin et égrenez-le.

4. Répartissez les grains de raisin dans 4 coupes en verre, puis ajoutez quelques noix et nappez le tout de crème au miel. Servez aussitôt.

SAVEURS D'AUTOMNE

POIRES POCHÉES
au sirop

Calories : 120
Protéines : 1 g
Lipides : 0 g
Glucides : 29 g

Pour 4 personnes
Préparation : 15 minutes
Cuisson : 35 minutes

4 grosses poires de même calibre
2 oranges à jus
1 filet de jus de citron
3 cuill. à soupe de sirop d'érable (ou de miel)
1 cuill. à café d'extrait de vanille liquide
½ cuill. à café de cannelle en poudre

1. Préchauffez le four à 180 °C (th. 6).

2. Épluchez les poires, puis coupez-les en deux avec leur queue et épépinez-les. Répartissez les demi-poires côte à côte dans un plat à four. Citronnez-les pour éviter qu'elles noircissent.

3. Pressez les oranges pour recueillir leur jus, puis mélangez-le avec le sirop d'érable, la vanille et la cannelle. Versez le tout dans une casserole et portez à frémissements, à feu moyen, en remuant. Puis laissez épaissir ce sirop 5 minutes sans mélanger.

4. Retirez du feu et versez le sirop sur les poires. Couvrez le plat de papier d'aluminium en le faisant bien adhérer aux bords.

5. Enfournez pour 30 minutes environ, jusqu'à ce que les poires soient très tendres. Laissez-les refroidir dans leur sirop avant de servir.

PAPILLOTES DE BANANES
au sirop d'érable

Calories : 217
Protéines : 3 g
Lipides : 5 g
Glucides : 40 g

Pour 4 personnes
Préparation : 10 minutes
Cuisson : 5 minutes

4 petites bananes
Le jus de 2 oranges
8 noix de pécan grossièrement concassées
4 pincées de cannelle en poudre
4 pincées de gingembre en poudre
4 pincées de vanille en poudre
1 cuill. à soupe de sirop d'érable

1. Préchauffez le four à 200 °C (th. 6-7).

2. Épluchez les bananes et coupez-les en deux dans le sens de la longueur. Dans un bol, mélangez le sirop d'érable, le jus d'orange, la cannelle, le gingembre et la vanille.

3. Découpez 4 grandes feuilles de papier sulfurisé (ou prenez des papillotes en silicone). Disposez 2 demi-bananes au centre de chacune d'elles, puis arrosez-les avec un quart du mélange épicé. Formez un bonbon avec le papier sulfurisé en prenant soin de ne pas renverser le jus. Fermez chaque extrémité avec une lanière de raphia (ou posez le couvercle de papillotes en silicone), puis déposez les papillotes obtenues sur une plaque.

4. Enfournez pour 5 à 6 minutes. Pour servir, ouvrez les papillotes et parsemez-les de noix de pécan.

POUR LES SUPER GOURMANDS ★★★

POMMES FARCIES
aux fruits secs zéro sucre

Calories : 211
Protéines : 3 g
Lipides : 11 g
Glucides : 25 g

Pour 4 personnes
Préparation : 10 minutes
Cuisson : 30 minutes

4 grosses pommes à cuire (canada grise, boskoop, Antarès®…)
2 oranges à jus
3 cuill. à soupe de crème liquide à 15 % MG
60 g de cerneaux de noix
25 g de raisins secs
1 cuill. à café de cannelle en poudre

1. Préchauffez le four à 180 °C (th. 6).

2. Lavez et essuyez les pommes, puis ôtez leur cœur à l'aide d'un vide-pomme. Mixez ensemble les noix, la cannelle, les raisins secs et la crème. À l'aide d'une petite cuillère, garnissez l'intérieur des pommes de ce mélange.

3. Pressez les oranges pour recueillir leur jus, puis versez-le dans le fond d'un plat à gratin. Disposez-y les pommes farcies.

4. Enfournez pour 30 minutes environ, en arrosant de temps en temps les pommes avec le jus du plat. Servez chaud.

POUR LES GRANDS DÉBUTANTS

BROCHETTES
de semoule au lait et fruits

Calories : 134
Protéines : 3 g
Lipides : 3,5 g
Glucides : 25 g

Pour 6 personnes
Préparation : 20 minutes
Cuisson : 10 minutes

Fruits selon saison
(2 clémentines et 2 poires
ou 200 g de fraises et
2 kiwis, ou 6 abricots
et 200 g de framboises…)
1 cuill. à café de jus de citron
25 cl de lait demi-écrémé
30 g de semoule de blé fine
1 cuill. à soupe de sucre
blond de canne en poudre

Pour la sauce choco-cannelle :
10 cl de lait demi-écrémé
25 g de chocolat noir
à 70 % de cacao
1 cuill. à soupe de cacao amer
en poudre
1 cuill. à café de cannelle
en poudre
1 cuill. à café d'arrow-root
(ou de Maïzena®)
30 g de sucre glace
biologique (Jean Hervé®,
par exemple)

1. Portez le lait à frémissements dans une casserole. Ajoutez le sucre en poudre, puis versez la semoule en pluie, sans cesser de remuer avec une cuillère en bois. Laissez cuire 5 minutes en remuant de temps en temps. Incorporez le jus de citron et versez le mélange dans un plat à gratin de 15 à 20 cm de long, tapissé de papier sulfurisé (sur 1,5 cm d'épaisseur environ). Laissez refroidir.

2. Pendant ce temps, préparez les fruits. Pelez-les, épépinez-les ou dénoyautez-les, selon le cas. Puis coupez-les en morceaux.

3. Démoulez la préparation à la semoule et découpez-la en cubes. Préparez des brochettes en alternant cubes de semoule au lait et morceaux de fruits différents. Disposez-les sur un plat de service.

4. Préparez la sauce choco-cannelle. Chauffez dans une petite casserole le sucre glace, la cannelle, le cacao et le chocolat. Ajoutez l'arrow-root (ou la Maïzena®) dilué avec le lait et remuez avec une spatule en bois jusqu'à épaississement. Versez la sauce dans un bol et servez avec les brochettes.

POUR LES
REPAS
FESTIFS
★★★

BROCHETTES
de fruits caramélisés zéro sucre

Calories : 118
Protéines : 1,5 g
Lipides : 1,2 g
Glucides : 25,5 g

Pour 4 personnes
Préparation : 10 minutes
Cuisson : 3 minutes

160 g de kiwis
160 g de pommes
160 g de fraises
160 g d'ananas
160 g de quartiers de pamplemousse
20 g de miel
100 ml de coulis de mangues

1. Préchauffez le four à 170 °C (th.6). Épluchez et coupez en 8 quartiers les kiwis, le pamplemousse et les pommes. Lavez les fraises et enlevez les queues.

2. Épluchez l'ananas et coupez-le en 8 morceaux de même taille.

3. Piquez les morceaux de fruits les uns après les autres sur des piques à brochettes.

4. Nappez chaque brochette avec un peu de miel et enfournez pour 3 minutes.

5. Disposez les brochettes dans une assiette accompagnées du coulis de mangues.

SANS GLUTEN

SALADE DE CLÉMENTINES *et de dattes*

Calories : 212
Protéines : 2 g
Lipides : 0 g
Glucides : 51 g

Pour 4 personnes
Préparation : 10 minutes
Marinade : 3 heures

6 clémentines
12 dattes
2 cuill. à soupe de miel
1 cuill. à soupe d'eau de fleur d'oranger
1 cuill. à soupe de cannelle en poudre

1. Pelez les clémentines, séparez les quartiers, puis coupez-les en dés. Dénoyautez les dattes et mettez-les dans un saladier, avec les dés de clémentines. Mélangez délicatement le tout.

2. Mélangez le miel, l'eau de fleur d'oranger et la cannelle dans un bol, puis arrosez-en la salade de fruits.

3. Couvrez de film alimentaire et laissez mariner 3 heures au réfrigérateur avant de servir.

SMOOTHIE FRAMBOISINE

Calories : 32
Protéines : 2 g
Lipides : 0 g
Glucides : 6 g

Pour 4 verres
Préparation : 5 minutes
Cuisson : 10 minutes

150 g de framboises
1 yaourt nature
1 cuill. à soupe de flocons d'avoine
1 cuill. à soupe de sirop d'agave

1. Faites bouillir 10 cl d'eau. Éteignez le feu, puis versez-y les flocons d'avoine et laissez-les gonfler 10 minutes.

2. Mixez les flocons avec les framboises et le yaourt.

3. Sucrez le tout avec le sirop d'agave, mélangez et versez dans 4 verres. Réservez au frais avant de servir.

POUR LES
TRÈS PRESSÉS
★★★

SMOOTHIE À LA BANANE
et au kiwi sans sucre

Calories : 154
Protéines : 8,6 g
Lipides : 1,2 g
Glucides : 39,5 g

Pour 1 personne
Préparation : 5 minutes

1 banane mûre
1 kiwi
1 yaourt à 0 % MG
60 ml de lait écrémé

1. Épluchez la banane, pelez le kiwi et coupez-le en morceaux.

2. Mixez les fruits, le yaourt et le lait au blender. Servez immédiatement.

POUR LES TRÈS PRESSÉS ★★★

SMOOTHIE BELLE PEAU
zéro sucre

Calories : 245,5
Protéines : 4,8 g
Lipides : 1,8 g
Glucides : 45,6 g

Pour 2 personnes
Préparation : 15 minutes

1 pamplemousse rose
2 poires bien mûres et juteuses (conférence, par exemple)
1 grenade bien mûre
2 cuill. à soupe de germes de blé (en magasin bio ou diététique)
4 glaçons

1. Pelez les poires, coupez-les en deux, ôtez le cœur et les pépins, puis détaillez-les en morceaux.

2. Coupez la grenade en deux et passez-la au presse-agrumes.

3. Coupez le pamplemousse en deux et prélevez sa pulpe à l'aide d'une cuillère directement au-dessus du bol du blender pour récupérer le maximum de jus. Faites attention à ne pas ôter de peau blanche ; elle rendrait le mélange amer. À la fin de cette opération, pressez le pamplemousse entre vos mains pour en recueillir tout le jus.

4. Ajoutez les glaçons, le jus de grenade, les morceaux de fruits et les germes de blé.

5. Mixez jusqu'à ce que le mélange soit mousseux. Si le smoothie est trop épais à votre goût, ajoutez 5 cl d'eau fraîche ou quelques glaçons.

6. Versez dans 2 grands verres et dégustez aussitôt.

SMOOTHIE MINCEUR

Calories : 167,7
Protéines : 10,9 g
Lipides : 3,2 g
Glucides : 33,6 g

Pour 2 personnes
Préparation : 15 minutes

250 g de fraises
200 g de pastèque
1 pomme de la variété de votre choix
2 cuill. à soupe de son d'avoine (en magasin bio ou diététique)
2 cuill. à café de graines de lin (en magasin bio ou diététique)
4 glaçons

1. Rincez et équeutez les fraises. Épépinez la pastèque, puis ôtez sa peau et sa chair blanche. Lavez la pomme, coupez-la en deux sans la peler, puis ôtez le cœur et les pépins. Coupez tous les fruits en morceaux.

2. Versez les glaçons et les fruits dans le bol du blender. Ajoutez le son d'avoine, ainsi que les graines de lin.

3. Mixez jusqu'à ce que le mélange soit mousseux. Si le smoothie est trop épais à votre goût, ajoutez 5 cl d'eau fraîche ou quelques glaçons.

4. Versez dans 2 grands verres et dégustez aussitôt.

POUR LES DÎNERS D'ÉTÉ

SMOOTHIE VERT PRINTEMPS

Calories : 16
Protéines : 0,5 g
Lipides : 0,1 g
Glucides : 4,1 g

Pour 2 personnes
Préparation : 15 minutes

½ concombre à peau lisse
2 kiwis
⅓ poivron vert
Le jus de 1 citron vert
Quelques brins de coriandre
40 à 50 cl d'eau bien froide
6 glaçons
Fleur de sel

1. Pelez et coupez les kiwis en dés.

2. Lavez soigneusement le concombre, puis coupez-le en morceaux sans l'éplucher.

3. Épépinez le poivron et pelez-le à l'aide d'un rasoir à légumes ou d'un Économe.

4. Lavez et effeuillez la coriandre.

5. Versez l'eau froide, les glaçons et le jus de citron dans le bol du blender. Ajoutez les morceaux de fruits, de poivron et la coriandre.

6. Mixez jusqu'à ce que le mélange soit homogène et ajoutez un peu de fleur de sel.

7. Mixez encore rapidement et versez dans 2 grands verres. Dégustez aussitôt.

SANS SUCRES AJOUTÉS

SMOOTHIE DÉTOX
sans sucre

Calories : 195
Protéines : 3 g
Lipides : 0,9 g
Glucides : 49,9 g

Pour 2 personnes
Préparation : 15 minutes

2 kiwis
1 pamplemousse rose
1 pomme
½ ananas Victoria
Quelques lamelles
de gingembre frais
2 pincées de curcuma
4 glaçons

1. Lavez la pomme et coupez-la en deux, sans la peler. Ôtez le cœur et les pépins, puis détaillez-la en morceaux, ainsi que les kiwis et l'ananas épluchés.

2. Coupez le pamplemousse en deux et prélevez sa pulpe à l'aide d'une cuillère directement au-dessus du bol du blender pour récupérer le maximum de jus. Faites attention à ne pas ôter de peau blanche ; elle rendrait le mélange amer. À la fin de cette opération, pressez le pamplemousse entre vos mains pour en recueillir tout le jus.

3. Ajoutez les glaçons, les morceaux de fruits, le gingembre et le curcuma.

4. Mixez jusqu'à ce que le mélange soit mousseux. Si le smoothie est trop épais à votre goût, ajoutez 5 cl d'eau fraîche ou quelques glaçons.

5. Versez dans 2 grands verres et dégustez sans attendre.

SPÉCIAL
SAVEURS RELEVÉES
★★★

LE MILK-SHAKE
allégé vitaminé

Calories : 147
Protéines : 2,6 g
Lipides : 8 g
Glucides : 16,5 g

Pour 4 personnes
Préparation : 10 minutes

200 g de jus de fruit de la Passion
100 g de banane (soit 1 petite banane)
1 citron vert
100 g de fraises fraîches
50 ml de lait de coco
100 ml de crème liquide allégée
100 ml de lait écrémé
200 g de glaçons

1. Épluchez la banane, pressez le citron vert, lavez et équeutez les fraises.

2. Mettez tous les ingrédients dans un blender, mixez et dégustez aussitôt.

POUR LES TRÈS PRESSÉS ★★★

COCKTAIL DES ÎLES

Calories : 95
Protéines : 0 g
Lipides : 0 g
Glucides : 22,4 g

Pour 1 personne
Préparation : 10 minutes

¼ ananas
¼ mangue
1 fruit de la Passion
10 glaçons ou de la glace pilée

1. Pelez les fruits et coupez-les en cubes.

2. Mixez tous les ingrédients et servez frais, avec des glaçons ou de la glace pilée.

★★★
SANS SUCRES AJOUTÉS
★★★

BANAN'ACID

Calories : 75
Protéines : 0 g
Lipides : 0 g
Glucides 19 g

Pour 1 personne
Préparation : 5 minutes

½ banane
1 citron pressé
10 glaçons

Pour la décoration :
1 framboise

1. Mixez dans un blender la banane avec le jus de citron et les glaçons.

2. Servez bien frais avec 1 framboise sur le dessus pour la présentation.

POUR LES TRÈS PRESSÉS ★★★

CRÊPES
à la mousse de fraise

Calories : 230
Protéines : 7 g
Lipides : 10 g
Glucides : 25 g

Pour 4 personnes
Préparation : 20 minutes
Repos : 30 minutes
Cuisson : 10 minutes

Pour la pâte à crêpes :
1 œuf
15 cl de lait demi-écrémé
65 g de farine blanche
1 cuill. à soupe de sucre en poudre
1 cuill. à soupe d'huile d'arachide
Sel
4 filets d'huile d'arachide pour la poêle

Pour la mousse :
100 g de ricotta
80 g de fraises
1 blanc d'œuf
1 cuill. à soupe de sirop d'agave
1 pincée de vanille en poudre

Pour le coulis :
125 g de fraises
1 sachet de sucre vanillé

1. Préparez la pâte à crêpes. Mélangez la farine avec une pincée de sel dans un saladier. Cassez l'œuf au milieu, ajoutez le sucre en poudre et délayez en versant le lait, puis l'huile. Laissez reposer la pâte 30 minutes.

2. Préparez le coulis en mixant les fraises, passez-les au chinois pour enlever les graines, ajoutez le sucre vanillé, puis réservez.

3. Faites cuire 4 crêpes dans une poêle légèrement huilée.

4. Préchauffez le four à 150 °C (th. 5). Préparez la mousse : mixez les fraises avec la ricotta, le sirop d'agave et la poudre de vanille. Montez le blanc d'œuf en neige et incorporez-le délicatement à la préparation précédente. Tapissez une plaque de papier sulfurisé et disposez-y les crêpes dans chaque angle. Répartissez la mousse aux fraises sur la moitié de chacune d'elles. Enfournez pour 5 minutes et servez les crêpes chaudes, avec un cordon de coulis.

POUR LES REPAS FESTIFS ★★★

CRÊPES PARTY LIGHT

Calories : 80
Protéines : 4,3 g
Lipides : 2,2 g
Glucides : 10,5 g

Pour 4 personnes
Préparation : 10 minutes
Cuisson : 2 à 3 minutes

500 ml de lait de soja (tonyu)
3 œufs
150 g de farine fluide
Sel

1. Dans un saladier, mélangez le lait, les œufs, la farine fluide et une pincée de sel jusqu'à obtention d'une pâte fluide.

2. Dans une poêle antiadhésive préalablement chauffée sur feu vif, versez un peu de pâte et répartissez-la sur le fond. Laissez la crêpe cuire 2 à 3 minutes, puis retournez-la et faites-la cuire autant de l'autre côté.

3. Placez-la sur une assiette et renouvelez l'opération avec le reste de la pâte.

SANS LACTOSE

CRÊPES SOUFFLÉES
aux framboises et aux amandes

Calories : 134
Protéines : 5 g
Lipides : 6 g
Glucides : 15 g

Pour 8 crêpes
Préparation : 15 minutes
Cuisson : 5 minutes

200 g de framboises fraîches
1 œuf
25 cl de lait demi-écrémé
20 g de beurre
125 g de farine (T65)
20 g de poudre d'amande
15 g d'amandes effilées
1 cuill. à soupe d'huile pour la poêle
1 sachet de sucre vanillé
1 pincée de sucre en poudre
Sel

1. Séparez le blanc du jaune d'œuf. Tamisez la farine au-dessus d'un saladier et ajoutez le jaune d'œuf, la poudre d'amande et le sucre vanillé. Mélangez à l'aide d'un fouet tout en versant le lait progressivement.

2. Faites fondre le beurre à feu doux, puis versez-le à travers une passoire fine sur la pâte. Mélangez de nouveau le tout.

3. Avec un fouet électrique, montez le blanc d'œuf en neige avec une pincée de sel et de sucre. Incorporez-le délicatement à la pâte à l'aide d'une spatule souple. Ajoutez enfin les framboises.
Faites chauffer la poêle à crêpes à sec et faites-y dorer les amandes effilées, puis réservez-les dans un bol.

4. Graissez la poêle, versez-y 1 louchée de pâte et faites cuire la crêpe 2 à 3 minutes de chaque côté. Procédez de même jusqu'à épuisement de la pâte. Servez chaque crêpe parsemée d'amandes effilées grillées.

BLINIS SUCRÉS AUX FRUITS

Calories : 196
Protéines : 8,5 g
Lipides : 4,5 g
Glucides : 30,5 g

Pour 4 personnes
Préparation : 10 minutes
Cuisson : 10 minutes

70 g de farine de sarrasin
40 g de farine de petit épeautre (ou de blé T65)
120 g de fruits (pomme râpée, fruits rouges, banane écrasée)
150 ml de coulis de fruits rouges ou d'abricots
2 œufs
10 cl de lait demi-écrémé
1 cuill. à soupe de sucre de canne blond non raffiné
Sel

1. Préparez la pâte à blinis : dans un saladier, mélangez un œuf entier avec le jaune du second œuf et le sucre. Ajoutez progressivement les farines et délayez avec le lait. Ajoutez les fruits dans la pâte ainsi obtenue.

2. Montez le blanc d'œuf restant en neige avec une pincée de sel, et ajoutez délicatement à la pâte.
Dans une poêle à blinis (ou, à défaut, une grande poêle dans laquelle on peut faire cuire plusieurs blinis en même temps), versez la pâte et faites cuire les blinis 2 minutes de chaque côté.

3. Dans chaque assiette, servez 3 blinis accompagnés du coulis de fruits et d'un thé.

POUR LES TRÈS PRESSÉS ★★★

GAUFRES SUCRÉES LÉGÈRES
au potiron

Calories : 92
Protéines : 2,5 g
Lipides : 2,5 g
Glucides : 15 g

Pour 10 gaufres
Préparation : 20 minutes
Repos : 1 heure
Cuisson : 5 minutes

250 g de chair de potiron
2 œufs
25 cl de lait demi-écrémé
30 g de margarine spécial cuisson
150 g de farine
35 g de sucre en poudre
1 cuill. à café de poudre à lever biologique
1 cuill. à soupe de rhum ambré
1 cuill. à soupe d'huile pour le gaufrier
Sel

1. Ôtez l'écorce du potiron et épépinez-le. Coupez sa chair en dés, puis mettez-les dans une casserole avec un fond d'eau et une pincée de sel. Laissez cuire à feu doux et à couvert pendant 10 minutes environ (la pointe d'un couteau doit s'enfoncer sans résistance). Égouttez.

2. Pendant la cuisson du potiron, préparez la pâte à gaufres. Dans un saladier, mélangez la margarine avec le sucre, une pincée de sel et le rhum. Ajoutez petit à petit la farine et la poudre à lever. Cassez les œufs en séparant les blancs des jaunes et ajoutez ces derniers dans la pâte. Mélangez à l'aide d'une spatule.

3. Faites tiédir le lait, ajoutez-y la purée de potiron et incorporez le tout au mélange précédent en remuant bien.

4. Battez les blancs d'œufs en neige, puis incorporez-les également. Couvrez le saladier et laissez la pâte à gaufres reposer 1 heure.

5. Huilez au pinceau les plaques du gaufrier, puis faites-le chauffer. Faites cuire les gaufres 5 minutes environ, jusqu'à épuisement de la pâte. Servez-les tièdes.

POUR LES REPAS FESTIFS ★★★

GAUFRES SUCRÉES *aux noisettes*

Calories : 107
Protéines : 4 g
Lipides : 3 g
Glucides : 16 g

Pour 10 gaufres
Préparation : 20 minutes
Repos : 1 heure
Cuisson : 10 minutes

25 cl de lait demi-écrémé
2 œufs
150 g de farine
1 cuill. à café de levure
35 g de sucre blond de canne en poudre
1 cuill. à soupe de purée de noisettes
Sel
Sucre glace (facultatif)

1. Séparez les blancs des jaunes d'œufs. Mettez dans un saladier la farine, le sucre en poudre, la levure et les jaunes d'œufs. Mélangez à l'aide d'une cuillère en bois.

2. Faites tiédir le lait à feu doux et incorporez-y la purée de noisettes. Ajoutez le tout au mélange précédent, sans cesser de remuer, jusqu'à l'obtention d'une préparation homogène.

3. Battez les blancs d'œufs en neige avec une pincée de sel, puis incorporez-les à la préparation précédente. Couvrez et laissez reposer la pâte 1 heure.

4. Faites chauffer un gaufrier, puis versez la pâte louchée par louchée pour cuire les gaufres. Servez chaud, éventuellement saupoudré d'un peu de sucre glace.

NEMS À LA MANGUE

Calories : 202
Protéines : 4 g
Lipides : 2 g
Glucides : 42 g

Pour 4 personnes
Préparation : 15 minutes
Cuisson : 20 minutes

6 feuilles de brick
2 mangues mûres
1 gousse de vanille
2 cuill. à soupe de sucre blond de canne
1 cuill. à soupe d'huile d'arachide

Pour le coulis :
1 yaourt nature
5 cl environ de lait demi-écrémé
3 boules de sorbet à la mangue
Quelques gouttes d'extrait de vanille liquide

1. Préchauffez le four à 180 °C (th. 6).

2. Pelez les mangues et coupez-en la chair de part et d'autre du noyau, puis taillez-la en dés. Déposez le tout dans une casserole, puis ajoutez 3 ou 4 cuillerées à soupe d'eau, le sucre, ainsi que la gousse de vanille fendue et grattée. Couvrez et faites cuire à feu doux 10 minutes environ, jusqu'à l'obtention d'une compote. Laissez alors tiédir et retirez la gousse de vanille.

3. Sortez les feuilles de brick du réfrigérateur et coupez-les en deux. Déposez 1 cuillerée à soupe de compote de mangues sur chacune, puis repliez les extrémités avant d'enrouler le tout en forme de cigare. Badigeonnez d'huile les 12 nems obtenus et répartissez-les sur une plaque allant au four. Enfournez pour 8 à 10 minutes.

4. Pendant ce temps, préparez le coulis. Mixez le yaourt avec le sorbet, la vanille et le lait (ajoutez-le progressivement, selon la consistance désirée). Répartissez dans 4 verrines et servez avec les nems.

PÂTE À TARTINER MAISON
zéro sucre

Calories : 532
Protéines : 7 g
Lipides : 36 g
Glucides : 45 g

Pour 1 pot
Préparation : 5 minutes
Cuisson : 30 minutes

100 g de purée de noisettes (Jean Hervé®, par exemple)
50 g de chocolat noir à 60 % de cacao
6 cuill. à soupe de sirop d'agave
2 pincées de vanille en poudre

1. Mélangez la vanille avec le sirop d'agave.

2. Versez la purée de noisettes dans un bol et placez-le dans une casserole d'eau, sur feu doux.

3. Ajoutez le sirop d'agave vanillé et le chocolat cassé en carrés. Dès qu'il commence à fondre, remuez à l'aide d'une fourchette jusqu'à l'obtention d'une consistance onctueuse. Ôtez du feu, puis versez la préparation dans un pot en verre type pot de confiture et laissez tiédir. Vous pouvez conserver cette pâte à tartiner une semaine environ à température ambiante.

POUR LES FONDUS DE CHOCOLAT ★★★

CHIPS DE POMME LÉGÈRES

Calories : 8
Protéines : 0 g
Lipides : 0 g
Glucides : 2 g

Pour 20 chips
Préparation : 10 minutes
Cuisson : 1 heure

2 belles pommes acidulées (type Antarès®)
Le jus de 1 citron
1 cuill. à soupe de sucre glace

1. Préchauffez le four à 80 °C (th. 2-3).

2. Éliminez le cœur des pommes à l'aide d'un vide-pomme, puis découpez les fruits en tranches de 2 ou 3 mm d'épaisseur.

3. Versez le jus de citron dans un petit récipient et trempez-y les tranches de pommes pour éviter qu'elles ne noircissent à la cuisson. Disposez-les sur une plaque de four recouverte de papier sulfurisé, en les espaçant légèrement. Saupoudrez régulièrement les tranches de sucre glace. Laissez fondre le sucre quelques instants, puis enfournez pour 1 h 30.

4. Laissez refroidir avant de servir : les chips doivent devenir cassantes. Vous pouvez les conserver plusieurs jours dans une boîte hermétique.

POUR LES SUPER GOURMANDS ★★★

INDEX DES RECETTES

CRÉDITS

Recettes : toutes les recettes sont de Solveig Darrigo-Dartinet, sauf pour les recettes suivantes : Véronique Cauvin : p. 10 ; ©Le Diet/Benchetrit/chef Patrick Charvet : p. 83 ; ©Le Diet/Benchetrit : p. 84, 92, 122, 136, 160, 172, 174 ; ©Le Diet/Benchetrit/Le N3 : p. 156 ; Estérelle Payany : p. 162, 164, 166, 168 ; ©Le Diet/Benchetrit/Chef Christophe Michalak : p. 170 ; ©Le Diet/Benchetrit/chef Bertrand Denis : p. 178.

Photographies et stylisme : toutes les photographies sont d'Eric Fénot et le stylisme de Delphine Brunet, sauf pour les pages suivantes : Pierre Chivoret/Alexia Janny : p. 10 ; Jean Bono/Delphine Brunet : p. 45, 77, 131, 134, 135, 143 ; Amélie Roche/Alexia Janny : p. 83, 157, 171, 179 ; Valéry Guedès/Natacha Arnoult : p. 85, 123 ; ©Anjelagr/123RF : p. 129 ; Pierre-Louis Viel/Catherine Nicolas : p. 137, 161, 173, 175 ; Caroline Faccioli/Sabine Paris : p. 183.